Sous Vide Mesterværk
Perfektioner Dit Kulinariske Håndværk

Morten Jensen

Indholdsfortegnelse

Omelet af hakket oksekød 10
Let vegetarisk Frittata 12
Avocado & Æggesandwich 14
Devillede æg 15
Hårdkogte æg 17
Syltede æg 18
Bløde og chiliæg 20
Æg Benedikt 21
Dild- og gurkemejeægscramble 22
Pocherede æg 23
Æg i bacon 24
Cherry tomat æg 25
Pastrami Scramble 26
Tomat Shakshuka 27
Spinat omelet 28
Rucola og prosciutto omelet 29
Ingefær forårsløg omelet 30
Italienske kyllingefingre 31
Kirsebær kyllingebid 33
Kanel Persimmon Toast 35
Kyllingevinger med ingefær 36
Oksekødsfrikadeller 38
Fyldte Collard Greens 39
Herby Italiensk Pølse Pannini 40

Citron & hvidløg artiskokker 42
Panko æggeblommekroketter 43
Chili Hummus 44
Sennepstrommestikker 45
Aubergine runde med pistacienødder 46
Grøn Ærtedip 47
Pommes frites 48
Kalkunsalat med agurk 49
Ingefærkugler 51
Torskebidebolde 52
Glaserede babygulerødder 54
Varme kyllingevinger 55
Løg & Bacon Muffins 56
Hvidvinsmuslinger 58
Tamari Corn on The Cob 59
Kammuslinger med bacon 60
Rejer forretter 61
Kyllingeleverpålæg 62
Gingery Squash Grøntsager 63
Hummerhaler 64
BBQ Tofu 65
Velsmagende fransk toast 66
Sød og krydret and 67
Sous Vide syltede rabarber 68
Tyrkiet frikadeller 69
Søde lår med soltørrede tomater 70
Adobo kylling 71

"Eat-me" frugtagtig chorizo 72

Kylling og svampe i Marsala-sauce 73

Vanilje abrikoser med whisky 75

Nem krydret hummus 76

Kaffir Lime trommestikker 78

Mælkeagtig kartoffelmos med rosmarin 79

Sød Tofu Kebab med grøntsager 80

Dijon kyllingefileter 82

Gulerødder og nødder fyldte peberfrugter 83

Appelsinand med paprika og timian 85

Bacon-indpakket kalkunben 86

Estragon Asparges Mix 87

Krydrede blomkålssteaks 89

Cayenne kartoffelstrimler med mayodressing 90

Smør- og sød and 92

Buttery Yams 93

Spinat- og svampequiche 94

Mexicansk smørmajs 96

Oste pærer med valnødder 98

Broccoli & blå ostemos 99

Curry Zucchini 100

Nøddebagte søde kartofler 101

Krydrede syltede rødbeder 102

Krydret smør majs 103

Paprika & rosmarin kartofler 104

Krukkede græskarbrød 105

Porre & hvidløgsæg 106

Cremet artiskokdip	107
Radiseostdip	109
Selleridip	110
Krydret BBQ Sauce	111
Peri Peri sauce	113
Ingefærsirup	114
Hønsefond	115
Løg Pomodoro Sauce	116
Peberpuré	117
Jalapeno krydderier	118
Oksefond	120
Hvidløg Basilikum Rub	122
Honning og løg balsamicodressing	123
Tomatsovs	125
Fisk og skaldyr Stock	126
Fisk bouillon	127
Senneps aspargesdressing	128
Grøntsagslager	130
Hvidløg Tabasco Edamame ost	132
Herby Mosede Sneærter	133
Salvie ristet kartoffelmos	134
Smørede asparges med timian og ost	136
Velsmagende pastinak med honningglasur	137
Fløde af tomater med ostesandwich	138
Ahornroesalat med cashewnødder & Queso Fresco	140
Osteagtig paprika med blomkål	142
Efterår Squash Cremesuppe	144

Selleri & Porre Kartoffelsuppe 146
Lemon Collard Greens Salat med Tranebær 148
Citrus majs med tomatsauce 149
Ingefær Tamari rosenkål med sesam 151
Rødbedespinatsalat 153
Hvidløgsgrønt med mynte 155
Rosenkål i hvidvin 157
Rødbede- og gedeostsalat 158
Blomkålsbroccolisuppe 160
Smørede ærter med mynte 162
Rosenkål i sød sirup 163
Radise med urteost 165
Balsamico braiseret kål 166
Pocherede tomater 167
Ratatouille 168
Tomatsuppe 170
Braiseret rødbeder 172
Aubergine Lasagne 173
Svampesuppe 175
Vegetarisk parmesanost 177
Grøn suppe 178
Blandet grøntsagssuppe 180
Røget Paprika Veggie Wontons 182
Quinoa & Selleri Miso-skål 184
Radise & basilikumsalat 186
Peberblanding 187
Cilantro Gurkemeje Quinoa 188

Oregano White Bean s 189
Kartoffel & daddelsalat 190
Paprikagryn 192
Drue grøntsagsblanding 193
Minty kikærte- og svampeskål 194
Grøntsags Caponata 196
Braiseret Chard med Lime 197
Root Veggie Mash 198
Kål og peber i tomatsauce 199
Senneps- og tomatret 200
Bell Peber Ris Pilaf med rosiner 201
Yoghurt kommensuppe 202
Smøragtig sommersquash 204
Karry ingefær & nektarinchutney 205
Rosmarin rødbrune kartofler Confit 207
Karrypærer og kokoscreme 208
Blød broccoli puré 209
Lækker chutney af dadler og mango 210
Mandarin & grønne bønnesalat med valnødder 212
Grøn Ærtecreme med Muskatnød 213
Nem broccoli puré 214
Rød Chili Broccolisuppe 215
Allehånde Miso majs med sesam og honning 217
Cremet Gnocchi med ærter 219
Honning æble & rucola salat 220

Omelet af hakket oksekød

Forberedelse + Tilberedningstid: 35 minutter | Portioner: 3

Ingredienser:

1 kop magert hakkekød
¼ kop finthakkede løg
¼ tsk tørret timian, stødt
½ tsk tørret oregano, stødt
Salt og sort peber efter smag
1 spsk olivenolie

Rutevejledning:

Forvarm olien i en stegepande over middel varme. Tilsæt løg og steg i cirka 3-4 minutter, eller indtil de er gennemsigtige. Tilsæt hakket oksekød og kog i 5 minutter under omrøring af og til. Drys med lidt salt, peber, timian og oregano. Rør godt rundt og kog i et minut mere. Tag fra varmen og stil til side.

Forbered et vandbad og anbring Sous Vide deri. Indstil til 170 F. Pisk æggene i en mellemstor skål og hæld i en vakuumpose, der kan genlukkes. Tilsæt hakkebøfblanding. Slip luft ud ved hjælp af vandfortrængningsmetoden og forsegl posen.

Nedsænk posen i vandbadet og indstil timeren til 15 minutter. Brug en handske til at massere posen hvert 5. minut for at sikre ensartet madlavning. Når timeren er stoppet, skal du fjerne posen fra vandbadet og overføre omeletten til en tallerken.

Let vegetarisk Frittata

Forberedelse + Tilberedningstid: 1 time 40 minutter | Portioner: 5

ingredienser

1 spsk olivenolie

1 mellemstor løg, hakket

Salt efter smag

4 fed hakket hvidløg

1 daikon, skrællet og skåret i tern

2 gulerødder, skrællet og skåret i tern

1 pastinak, skrællet og skåret i tern

1 kop butternut squash, skrællet og skåret i tern

6 oz østerssvampe, hakket

¼ kop persilleblade, friskhakket

En knivspids rød peberflager

5 store æg

¼ kop sødmælk

Vejbeskrivelse

Forbered et vandbad og anbring Sous Vide deri. Indstil til 175 F. Smør et par glas med olie. Sæt til side.

Varm en stegepande op ved høj varme med olie. Tilsæt løgsveden i 5 minutter. Tilsæt hvidløg og steg i 30 sekunder. Smag til med salt. Kombiner gulerødder, daikon, squash og pastinak. Smag til med salt og kog 10 minutter mere. Tilsæt svampene og smag til med peberflager og persille. Kog i 5 minutter.

I en skål piskes æg og mælk og smages til med salt. Adskil blandingen mellem glassene med grøntsagerne. Luk og nedsænk glassene i vandbadet. Kog i 60 minutter. Når timeren er stoppet, skal du fjerne glassene. Lad afkøle og server.

Avocado & Æggesandwich

Forberedelse + Tilberedningstid: 70 minutter | Portioner: 4

Ingredienser:

8 skiver brød

4 æg

1 avocado

1 tsk paprika

4 tsk Hollandaise sauce

1 spsk hakket persille

Salt og sort peber efter smag

Rutevejledning:

Forbered et vandbad og anbring Sous Vide deri. Indstil til 145 F. Skrab avocadokødet ud og mos det. Rør sauce og krydderier i. Læg æggene i en vakuumlukkelig pose. Slip luft ud ved hjælp af vandfortrængningsmetoden, forsegl og nedsænk posen i vandbad. Indstil timeren til 1 time.

Når det er færdigt, placeres det straks i et isbad til afkøling. Pil og skær æggene i skiver. Fordel halvdelen af æggeskiverne med avocadomosen og top med æggeskiver. Top med de resterende brødskiver.

Devillede æg

Forberedelse + Tilberedningstid: 75 minutter | Portioner: 6

Ingredienser:

6 æg

Saft fra 1 citron

2 spsk hakket persille

1 tomat, hakket

2 spsk hakkede sorte oliven

1 spsk yoghurt

1 spsk olivenolie

1 tsk sennep

1 tsk chilipulver

Rutevejledning:

Forbered et vandbad og anbring Sous Vide deri. Indstil til 170 F. Læg æggene i en vakuumforseglbar pose. Slip luft ud ved hjælp af vandfortrængningsmetoden, forsegl og nedsænk posen i vandbad. Indstil timeren til 1 time.

Når den er klar, fjern posen og ind i et isbad for at afkøle og skrælle. Skær i halve og skrab blommerne ud. Tilsæt de resterende ingredienser til blommerne og rør for at kombinere. Fyld æggene med blandingen.

Hårdkogte æg

Forberedelse + Tilberedningstid: 1 time 10 minutter | Portioner: 3

Ingredienser:

3 store æg

Isbad

Rutevejledning:

Lav et vandbad, anbring Sous Vide i det, og sæt til 165 F. Læg æggene i vandbadet, og indstil timeren til 1 time.

Når timeren er stoppet, overføres æggene til et isbad. Pil æg. Server som snack eller i salater.

Syltede æg

Forberedelse + Tilberedningstid: 2 timer 10 minutter | Portioner: 6

Ingredienser:

6 æg

1 spsk peberkorn

Saft fra en dåse rødbeder

1 kop eddike

½ spsk salt

2 fed hvidløg

1 laurbærblad

¼ kop sukker

Rutevejledning:

Forbered et vandbad og anbring Sous Vide i det. Indstil til 170 F. Sænk forsigtigt æggene ned i vandet og kog i 1 time. Kom dem med en hulske over i en stor skål med iskoldt vand og lad dem køle af i et par minutter. Skræl og anbring i en 1 liters beholder med et hængslet låg.

I en lille skål kombineres de resterende ingredienser. Hæld over æggene, forsegl og sænk i badet. Kog i 1 time. Fjern glasset fra vandbadet og afkøl til stuetemperatur.

Bløde og chiliæg

Forberedelse + Tilberedningstid: 60 minutter | Portioner: 5

Ingredienser:

1 spsk chilipulver

5 æg

Salt og sort peber efter smag

Rutevejledning:

Forbered et vandbad og anbring Sous Vide i det. Indstil til 147 F. Læg æg i en vakuumforseglbar pose. Slip luft ud ved hjælp af vandfortrængningsmetoden, forsegl og nedsænk i badet. Kog i 50 minutter.

Når timeren er stoppet, fjern posen og læg dem i et isbad for at afkøle og skrælle. Drys æggene med krydderierne og server.

Æg Benedikt

Forberedelse + Tilberedningstid: 70 minutter | Portioner: 4

Ingredienser:

4 æg

3 ounce bacon, skåret i skiver

5 spsk Hollandaise sauce

4 kiks muffins

Salt og sort peber efter smag

Rutevejledning:

Forbered et vandbad og anbring Sous Vide deri. Indstil til 150 F. Læg æggene i en vakuumforseglbar pose. Slip luft ud ved hjælp af vandfortrængningsmetoden, forsegl og nedsænk posen i vandbadet. Indstil timeren til 1 time.

Når timeren er stoppet, skal du fjerne posen og adskille den. Pil æggene og læg ovenpå muffinsene. Dryp med sauce og drys med salt og peber. Top med bacon.

Dild- og gurkemejeægscramble

Forberedelse + Tilberedningstid: 35 minutter | Portioner: 8

Ingredienser:

8 æg

1 spsk gurkemejepulver

¼ kop dild

1 tsk salt

Knip paprika

Rutevejledning:

Forbered et vandbad og anbring Sous Vide deri. Indstil til 165 F. Pisk æggene i en skål sammen med de resterende ingredienser. Overfør til en vakuumforseglbar pose. Slip luft ud ved hjælp af vandfortrængningsmetoden, forsegl og nedsænk posen i vandbad. Indstil timeren til 15 minutter.

Når timeren er stoppet, fjern posen og massér forsigtigt for at kombinere. Kog i yderligere 15 minutter. Fjern forsigtigt posen fra vandet. Serveres varm.

Pocherede æg

Forberedelse + Tilberedningstid: 65 minutter | Portioner: 4

Ingredienser:

4 kopper vand

4 æg paprika

1 spsk mayonnaise

Salt og sort peber efter smag

Rutevejledning:

Forbered et vandbad og anbring Sous Vide i det. Indstil til 145 F. Læg æg i en vakuumforseglbar pose. Slip luft ud ved hjælp af vandfortrængningsmetoden, forsegl og nedsænk badet. Indstil timeren til 55 minutter.

Når timeren er stoppet, fjernes posen og overføres til et isbad for at afkøle og skrælle. Bring imens vandet i kog i en gryde. Læg de pillede æg indeni og kog i et minut. Mens æggene koger, piskes de resterende ingredienser sammen. Dryp over æggene.

Æg i bacon

Forberedelse + Tilberedningstid: 7 timer 15 minutter | Portioner: 4

Ingredienser:

4 kogte æg

1 tsk smør

7 ounce bacon, skåret i skiver

1 spsk dijonsennep

4 ounce mozzarellaost, skåret i skiver

Salt og sort peber efter smag

Rutevejledning:

Forbered et vandbad og anbring Sous Vide deri. Indstil til 140 F. Gnid bacon med smør og peber. Læg en skive mozzarellaost oven på hvert æg og pak æggene sammen med osten ind i bacon.

Pensl med sennep og læg dem i en vakuumforseglende pose. Slip luft ud ved hjælp af vandfortrængningsmetoden, forsegl og nedsænk posen i vandbad. Indstil timeren til 7 timer. Når timeren er stoppet, fjernes posen og overføres til en tallerken. Serveres varm.

Cherry tomat æg

Forberedelse + Tilberedningstid: 40 minutter | Portioner: 6

Ingredienser:

10 æg
1 kop cherrytomater, halveret
2 spsk creme fraiche
1 spsk purløg
½ kop mælk
½ tsk muskatnød
1 tsk smør
1 tsk salt

Rutevejledning:

Forbered et vandbad og anbring Sous Vide deri. Indstil til 170 F.

Læg cherrytomater i en stor vakuumlukkelig pose. Pisk æggene sammen med de resterende ingredienser og hæld over tomaterne. Slip luft ud ved hjælp af vandfortrængningsmetoden, forsegl og nedsænk posen i vandbad. Indstil timeren til 30 minutter. Når det er gjort, fjernes posen og overføres til en tallerken.

Pastrami Scramble

Forberedelse + Tilberedningstid: 25 minutter | Portioner: 3

Ingredienser:

6 æg

½ kop pastrami

2 spsk tung fløde

Salt og sort peber efter smag

2 spsk smør, smeltet

3 skiver toast

Rutevejledning:

Forbered et vandbad og anbring Sous Vide deri. Indstil til 167 F. Pisk smør, æg, fløde og krydderier sammen i en vakuumlukkelig pose. Slip luft ud ved hjælp af vandfortrængningsmetoden, forsegl og nedsænk posen i vandbad. Indstil timeren til 15 minutter. Når timeren er stoppet, fjernes posen og æggene overføres til en tallerken. Server ovenpå toasten.

Tomat Shakshuka

Forberedelse + Tilberedningstid: 2 timer 10 minutter | Portioner: 3

Ingredienser:

28 ounce dåse knuste tomater

6 æg

1 spsk paprika

2 fed hvidløg, hakket

Salt og sort peber efter smag

2 tsk spidskommen

¼ kop hakket koriander

Rutevejledning:

Forbered et vandbad og anbring Sous Vide deri. Indstil til 148 F. Læg æggene i en vakuumforseglbar pose. Slip luft ud ved hjælp af vandfortrængringsmetoden, forsegl og nedsænk posen i vandbad. Kombiner de resterende ingredienser i en anden vakuum-lukkelig pose. Indstil timeren til 2 timer.

Fordel tomatsaucen mellem tre skåle. Når timeren er stoppet, skal du fjerne posen. Pil æggene og læg 2 i hver skål.

Spinat omelet

Forberedelse + Tilberedningstid: 20 minutter | Portioner: 2

Ingredienser:

4 store æg, pisket
¼ kop græsk yoghurt
¾ kop frisk spinat, finthakket
1 spsk smør
¼ kop cheddarost, revet
¼ tsk salt

Rutevejledning:

Forbered et vandbad, læg Sous Vide i det og sæt til 165 F. Pisk æggene i en mellemstor skål. Rør yoghurt, salt og ost i. Anbring blandingen i en vakuum genlukkelig pose og forsegl. Dyp posen ned i vandbadet. Kog i 10 minutter.

Smelt smør i en gryde ved middel varme. Tilsæt spinat og kog i 5 minutter. Sæt til side. Når timeren er stoppet, fjern posen, overfør æggene til en serveringsfad. Top med spinat og fold omeletten.

Rucola og prosciutto omelet

Forberedelse + Tilberedningstid: 25 minutter Portioner: 2

Ingredienser:

4 tynde skiver prosciutto

5 store æg

¼ kop frisk rucola, finthakket

¼ kop avocado i skiver

Salt og sort peber efter smag

Rutevejledning:

Forbered et vandbad, læg Sous Vide i det, og sæt til 167 F. Pisk æggene med rucola, salt og peber. Overfør til en vakuumforseglbar pose. Tryk for at fjerne luften og forsegl derefter låget. Kog i 15 minutter. Når timeren er stoppet, fjern posen, luk forseglingen og overfør omeletten til en tallerken og top med avocadoskiver og prosciutto.

Ingefær forårsløg omelet

Forberedelse + Tilberedningstid: 20 minutter | Portioner: 2

Ingredienser:

8 fritgående æg, pisket
½ kop forårsløg
1 tsk ingefær, friskrevet
1 spsk ekstra jomfru olivenolie
Salt og sort peber efter smag

Rutevejledning:

Forbered et vandbad, anbring Sous Vide i det, og sæt til 165 F.

I en mellemstor skål piskes æg, ingefær, salt og peber. Overfør blandingen til en vakuum genlukkelig pose og forsegl. Dyp posen ned i vandbadet. Kog i 10 minutter.

Varm olie op i en gryde ved middel varme. Kog forårsløg i 2 minutter. Når timeren er stoppet, fjern posen, luk forseglingen og fjern omeletten til en serveringstallerken. Skær i tynde skiver, top med løg og fold omeletten til servering.

Italienske kyllingefingre

Forberedelse + Tilberedningstid: 2 timer 20 minutter | Portioner: 3

Ingredienser:

1 pund kyllingebryst, udbenet og uden skind

1 kop mandelmel

1 tsk hakket hvidløg

1 tsk salt

½ tsk cayennepeber

2 tsk blandede italienske krydderurter

¼ tsk sort peber

2 æg, pisket

¼ kop olivenolie

Rutevejledning:

Skyl kødet under koldt rindende vand og dup det tørt med køkkenpapir. Smag til med blandede italienske krydderurter og læg dem i en stor, vakuumforseglbar. Luk posen og kog i sous vide i 2 timer ved 167 F. Fjern fra vandbadet og stil til side.

Kombiner nu mel, salt, cayenne, italienske krydderurter og peber i en skål og stil til side. Pisk æggene i en separat skål og sæt dem til side.

Varm olivenolie op i en stor stegepande over medium varme. Dyp kyllingen i det sammenpiskede æg og overtræk med melblandingen. Steg i 5 minutter på hver side, eller indtil de er gyldenbrune.

Kirsebær kyllingebid

Forberedelse + Tilberedningstid: 1 time og 40 minutter | Portioner: 3

Ingredienser:

1 pund kyllingebryst, udbenet og uden skind, skåret i mundrette stykker

1 kop rød peberfrugt, skåret i stykker

1 kop grøn peberfrugt, skåret i stykker

1 kop cherrytomater, hele

1 kop olivenolie

1 tsk italiensk krydderblanding

1 tsk cayennepeber

½ tsk tørret oregano

Salt og sort peber efter smag

Rutevejledning:

Skyl kødet under koldt rindende vand og dup det tørt med køkkenpapir. Skær i mundrette stykker og stil til side. Vask peberfrugterne og skær dem i stykker. Vask cherrytomater og fjern de grønne stilke. Sæt til side.

I en skål kombineres olivenolie med italiensk krydderi, cayennepeber, salt og peber.

Rør indtil det er godt indarbejdet. Tilsæt kødet og dæk godt med marinaden. Stil til side i 30 minutter, så smagen kan smelte sammen og trænge ind i kødet.

Læg kødet sammen med grøntsager i en stor vakuumlukkelig pose. Tilsæt tre spiseskefulde af marinaden og luk posen. Kog i sous vide i 1 time ved 149 F.

Kanel Persimmon Toast

Forberedelse + Tilberedningstid: 4 timer 10 minutter | Portioner: 6

Ingredienser:

4 brødskiver, ristede
4 persimmons, hakket
3 spsk sukker
½ tsk kanel
2 spsk appelsinjuice
½ tsk vaniljeekstrakt

Rutevejledning:

Forbered et vandbad og anbring Sous Vide deri. Indstil til 155 F.

Læg persimmons i en vakuumforseglbar pose. Tilsæt appelsinjuice, vaniljeekstrakt, sukker og kanel. Luk posen og ryst godt for at dække persimmonstykkerne. Slip luft ud ved hjælp af vandfortrængningsmetoden, forsegl og nedsænk posen i vandbad. Indstil timeren til 4 timer.

Når timeren er stoppet, skal du fjerne posen og overføre persimmons til en foodprocessor. Blend indtil glat. Fordel persimmonblandingen over ristet brød.

Kyllingevinger med ingefær

Forberedelse + Tilberedningstid: 2 timer 25 minutter | Portioner: 4

Ingredienser:

2 pund kyllingevinger

¼ kop ekstra jomfru olivenolie

4 fed hvidløg

1 spsk rosmarinblade, finthakket

1 tsk hvid peber

1 tsk cayennepeber

1 spsk frisk timian, finthakket

1 spsk frisk ingefær, revet

¼ kop limesaft

½ kop æblecidereddike

Rutevejledning:

Skyl kyllingevingerne under koldt rindende vand og afdryp i et stort dørslag.

I en stor skål kombineres olivenolie med hvidløg, rosmarin, hvid peber, cayennepeber, timian, ingefær, limesaft og æblecidereddike. Nedsænk vingerne i denne blanding og dæk til. Stil på køl i en time.

Flyt vingerne sammen med marinaden i en stor vakuumlukkelig pose. Luk posen og kog i sous vide i 1 time og 15 minutter ved 149 F. Fjern fra den vakuumlukkelige pose og brun inden servering. Server og nyd!

Oksekødsfrikadeller

Forberedelse + Tilberedningstid: 1 time 55 minutter | Portioner: 4

Ingredienser:

1 pund magert hakkebøf

1 æg

2 spsk mandler, finthakkede

2 spsk mandelmel

1 kop løg, finthakket

2 fed hvidløg, knust

¼ kop olivenolie

Salt og sort peber efter smag

¼ kop persilleblade, finthakket

Rutevejledning:

I en skål kombineres hakket oksekød med finthakkede løg, hvidløg, olie, salt, peber, persille og mandler. Bland godt med en gaffel og tilsæt lidt mandelmel gradvist.

Pisk det ene æg i og stil det på køl i 40 minutter. Tag kødet ud af køleskabet og form forsigtigt til en tomme tykke bøffer, omkring 4 tommer i diameter. Placer i to separate vakuumforseglelige poser og kog i sous vide i en time ved 129 F.

Fyldte Collard Greens

Forberedelse + Tilberedningstid: 65 minutter | Portioner: 3

Ingredienser:

1 pund collard greens, dampet

1 pund magert hakkebøf

1 lille løg, finthakket

1 spsk olivenolie

Salt og sort peber efter smag

1 tsk frisk mynte, finthakket

Rutevejledning:

Kog en stor gryde vand og tilsæt grønt. Kog kort, i 2-3 minutter. Dræn og pres forsigtigt grøntsagerne og stil det til side.

I en stor skål kombineres hakket oksekød, løg, olie, salt, peber og mynte. Rør godt, indtil det er inkorporeret. Placer blade på din arbejdsflade med venesiden opad. Brug en spiseskefuld af kødblandingen og læg den i bunden af midten af hvert blad. Fold siderne sammen og rul stramt sammen. Stik siderne ind og overfør forsigtigt til en stor vakuumforseglbar pose. Luk posen og kog i sous vide i 45 minutter ved 167 F.

Herby Italiensk Pølse Pannini

Forberedelse + Tilberedningstid: 3 timer 15 minutter | Portioner: 4

ingredienser

1 pund italiensk pølse

1 rød peberfrugt, skåret i skiver

1 gul peberfrugt, skåret i skiver

1 løg, skåret i skiver

1 fed hvidløg, hakket

1 kop tomatjuice

1 tsk tørret oregano

1 tsk tørret basilikum

1 tsk olivenolie

Salt og sort peber efter smag

4 brødskiver

Vejbeskrivelse

Forbered et vandbad og anbring Sous Vide deri. Indstil til 138 F.

Læg pølserne i en vakuumlukkelig pose. Tilsæt hvidløg, basilikum, løg, peber, tomatjuice og oregano i hver pose. Slip luft ud ved hjælp af vandfortrængningsmetoden, forsegl og nedsænk poserne i vandbadet. Kog i 3 timer.

Når timeren er stoppet, fjernes pølserne og overføres til en varm stegepande. Steg dem i 1 minut på hver side. Sæt til side. Tilsæt de resterende ingredienser i gryden, smag til med salt og peber. Kog indtil vandet er fordampet. Server pølserne og de resterende ingredienser imellem brødene.

Citron & hvidløg artiskokker

Forberedelse + Tilberedningstid: 2 timer 15 minutter | Portioner: 5

Ingredienser:

3 Artiskokker
Saft fra 3 citroner
1 spsk sennep
5 fed hvidløg, hakket
1 spsk hakket grønt løg
4 spsk olivenolie

Rutevejledning:

Forbered et vandbad og anbring Sous Vide deri. Indstil til 195 F. Vask og adskil artiskokkerne. Læg i en plastikskål. Tilsæt de resterende ingredienser og ryst for at dække godt. Læg hele blandingen i en plastikpose. Forsegl og nedsænk posen i vandbad. Indstil timeren til 2 timer.

Når timeren er stoppet, fjern posen og steg på grillen i et minut på hver side.

Panko æggeblommekroketter

Forberedelse + Tilberedningstid: 60 minutter | Portioner: 5

Ingredienser:

2 æg plus 5 æggeblommer
1 kop panko brødkrummer
3 spsk olivenolie
5 spsk mel
¼ tsk italiensk krydderi
½ tsk salt
¼ tsk paprika

Rutevejledning:

Forbered et vandbad og anbring Sous Vide deri. Indstil til 150 F. Placer blommen i vandet (uden en pose eller glas) og kog i 45 minutter, vend om halvvejs. Lad afkøle lidt Pisk æggene sammen med de øvrige ingredienser, undtagen olien. Dyp blommerne i æg- og pankoblandingen.

Varm olien op i en gryde. Steg blommerne i et par minutter på hver side, til de er gyldne.

Chili Hummus

Forberedelse + Tilberedningstid: 4 timer 15 minutter | Portioner: 9)

Ingredienser:

16 ounce kikærter, udblødt natten over og drænet
2 fed hvidløg, hakket
1 tsk sriracha
¼ tsk chilipulver
½ tsk chiliflager
½ kop olivenolie
1 spsk salt
6 kopper vand

Rutevejledning:

Forbered et vandbad og anbring Sous Vide deri. Indstil til 195 F. Læg kikærter og vand i en plastikpose. Slip luft ud ved hjælp af vandfortrængningsmetoden, forsegl og nedsænk posen i vandbad. Indstil timeren til 4 timer.

Når timeren er stoppet, fjern posen, dræn vandet og overfør kikærterne til en foodprocessor. Tilsæt de resterende ingredienser. Blend indtil glat.

Sennepstrommestikker

Forberedelse + Tilberedningstid: 1 time | Portioner: 5

Ingredienser:

2 pund kyllingeunderlår
¼ kop dijonsennep
2 fed hvidløg, knust
2 spsk kokosnødde aminosyrer
1 tsk pink Himalaya salt
½ tsk sort peber

Rutevejledning:

Skyl trommestikkerne under koldt rindende vand. Dræn i et stort dørslag og stil til side.

I en lille skål kombineres Dijon med knust hvidløg, kokosnødaminos, salt og peber. Fordel blandingen over kødet med en køkkenbørste og læg den i en stor vakuumlukkelig pose. Luk posen og kog i sous vide i 45 minutter ved 167 F.

Aubergine runde med pistacienødder

Forberedelse + Tilberedningstid: 8 timer 10 minutter | Portioner: 8

Ingredienser:

3 auberginer, skåret i skiver

¼ kop knuste pistacienødder

1 spsk miso

1 spsk mirin

2 tsk olivenolie

1 tsk purløg

Salt og sort peber efter smag

Rutevejledning:

Forbered et vandbad og anbring Sous Vide deri. Indstillet til 185 F.

Pisk olie, mirin, purløg, miso og peber sammen. Pensl aubergineskiverne med denne blanding. Læg i en enkeltlags vakuumforseglende pose og top med pistacienødder. Gentag processen, indtil du har brugt alle ingredienserne. Slip luft ud ved hjælp af vandfortrængningsmetoden, forsegl og nedsænk posen i vandbad. Indstil timeren til 8 timer. Når timeren er stoppet, skal du fjerne posen og pladen.

Grøn Ærtedip

Forberedelse + Tilberedningstid: 45 minutter | Portioner: 8

Ingredienser:

2 kopper grønne ærter

3 spsk tung fløde

1 spsk estragon

1 fed hvidløg

1 tsk olivenolie

Salt og sort peber efter smag

¼ kop æble i tern

Rutevejledning:

Forbered et vandbad og anbring Sous Vide deri. Indstil til 185 F. Placer alle ingredienserne i en vakuumforseglbar pose. Slip luft ud ved hjælp af vandfortrængningsmetoden, forsegl og nedsænk posen i vandbad. Indstil timeren til 32 minutter. Når timeren er stoppet, fjern posen og blend med en stavblender, indtil den er glat.

Pommes frites

Forberedelse + Tilberedningstid: 45 | Portioner: 6

Ingredienser:

3 pund kartofler, skåret i skiver
5 kopper vand
Salt og sort peber efter smag
¼ tsk bagepulver

Rutevejledning:

Forbered et vandbad og anbring Sous Vide deri. Indstillet til 195 F.

Læg kartoffelskiverne, vand, salt og bagepulver i en vakuumlukkelig pose. Slip luft ud ved hjælp af vandfortrængningsmetoden, forsegl og nedsænk posen i vandbad. Indstil timeren til 25 minutter.

Varm imens olien op i en gryde ved middel varme. Når timeren er stoppet, skal du fjerne kartoffelskiverne fra saltlagen og tørre dem. Kog i olien i et par minutter, til de er gyldne.

Kalkunsalat med agurk

Forberedelse + Tilberedningstid: 2 timer 20 minutter | Portioner: 3

Ingredienser:

1 pund kalkunbryst, skåret i skiver

½ kop hønsebouillon

2 fed hvidløg, hakket

2 spsk olivenolie

1 tsk salt

¼ tsk cayennepeber

2 laurbærblade

1 mellemstor tomat, hakket

1 stor rød peberfrugt, hakket

1 mellemstor agurk

½ tsk italiensk krydderi

Rutevejledning:

Krydr kalkunen med salt og cayennepeber. Placer i en vakuumforseglbar sammen med kylling bouillon, hvidløg og laurbærblade. Luk posen og kog i Sous Vide i 2 timer ved 167 F. Fjern og sæt til side. Læg grøntsagerne i en stor skål og tilsæt kalkun. Bland med italiensk krydderi og olivenolie. Vend godt sammen og server med det samme.

Ingefærkugler

Forberedelse + Tilberedringstid: 1 time 30 minutter | Portioner: 3

Ingredienser:

1 pund hakket oksekød

1 kop løg, finthakket

3 spsk olivenolie

¼ kop frisk koriander, finthakket

¼ kop frisk mynte, finthakket

2 tsk ingefærpasta

1 tsk cayennepeber

2 tsk salt

Rutevejledning:

I en stor skål kombineres hakket oksekød, løg, olivenolie, koriander, mynte, koriander, ingefærpasta, cayennepeber og salt. Form bøfferne og stil dem på køl i 15 minutter. Tag ud af køleskabet og overfør til separate vakuumforseglelige poser. Kog i Sous Vide i 1 time ved 154 F.

Torskebidebolde

Forberedelse + Tilberedningstid: 105 minutter | Portioner: 5

Ingredienser:

12 ounce hakket torsk

2 ounce brød

1 spsk smør

¼ kop mel

1 spsk semulje

2 spsk vand

1 spsk hakket hvidløg

Salt og sort peber efter smag

¼ tsk paprika

Rutevejledning:

Forbered et vandbad og anbring Sous Vide deri. Indstil til 125 F.

Bland brød og vand og mos blandingen. Tilsæt de resterende ingredienser og bland det godt sammen. Lav kugler af blandingen.

Sprøjt en stegepande med madlavningsspray og kog bidekuglerne ved middel varme i cirka 15 sekunder på hver side, indtil de er let ristede. Læg torskebiderne i en vakuumforseglbar pose. Slip luft ud ved hjælp af vandfortrængningsmetoden, forsegl og nedsænk posen i vandbad. Indstil timeren til 1 time og 30 minutter. Når timeren er stoppet, fjern posen og plad torskebiderne. Tjene.

Glaserede babygulerødder

Forberedelse + Tilberedningstid: 3 timer 10 minutter | Portioner: 4

Ingredienser:

1 kop baby gulerødder
4 spsk brun farin
1 kop hakket skalotteløg
1 spsk smør
Salt og sort peber efter smag
1 spsk dild

Rutevejledning:

Forbered et vandbad og anbring Sous Vide i det. Indstil til 165 F. Placer alle ingredienserne i en vakuumforseglbar pose. Ryst til belægning. Slip luft ud ved hjælp af vandfortrængningsmetoden, forsegl og nedsænk i vandbad. Indstil timeren til 3 timer. Når timeren er stoppet, skal du fjerne posen. Serveres varm.

Varme kyllingevinger

Forberedelse + Tilberedningstid: 4 timer 15 minutter | Portioner: 4

Ingredienser:

2 pund kyllingevinger
½ smørstang, smeltet
¼ kop varm rød sauce
½ tsk salt

Rutevejledning:

Forbered et vandbad og anbring Sous Vide i det. Indstil til 170 F. Krydr kyllingen med salt og læg den i 2 vakuumlukkelige poser. Slip luft ud ved hjælp af vandfortrængningsmetoden, forsegl og nedsænk i badet. Kog i 4 timer. Når det er gjort, skal du fjerne poserne. Pisk sauce og smør. Smid vingerne med blandingen.

Løg & Bacon Muffins

Forberedelse + Tilberedningstid: 3 timer 45 minutter | Portioner: 5

Ingredienser:

1 løg, hakket

6 ounce bacon, hakket

1 kop mel

4 spsk smør, smeltet

1 æg

1 tsk bagepulver

1 spsk eddike

¼ tsk salt

Rutevejledning:

Forbered et vandbad og anbring Sous Vide deri. Indstillet til 196 F.

I mellemtiden koges baconen sprød i en stegepande ved middel varme. Overfør til en skål og tilsæt løg til baconfedtet og steg i et par minutter, indtil det er blødt.

Overfør til en skål og rør de resterende ingredienser i. Fordel muffindejen i 5 små glas. Sørg for ikke at fylde mere end halvt. Sæt glassene i et vandbad og indstil timeren til 3 timer og 30 minutter. Når timeren stoppede, fjernes glassene og serveres.

Hvidvinsmuslinger

Forberedelse + Tilberedningstid: 1 time 20 minutter | Portioner: 3

Ingredienser:

1 pund friske muslinger
3 spsk ekstra jomfru olivenolie
1 kop løg, finthakket
¼ kop frisk persille, finthakket
3 spsk frisk timian, hakket
1 spsk citronskal
1 kop tør hvidvin

Rutevejledning:

Varm olien op i en mellemstor stegepande. Tilsæt løg og steg til de er gennemsigtige. Tilsæt citronskal, persille og timian. Rør godt rundt og overfør til en vakuumforseglbar pose. Tilsæt muslinger og en kop tør hvidvin. Luk posen og kog i Sous Vide i 40 minutter ved 104 F.

Tamari Corn on The Cob

Forberedelse + Tilberedningstid: 3 timer 15 minutter | Portioner: 8

Ingredienser:

1 pund majskolber

1 spsk smør

¼ kop tamari sauce

2 spsk misopasta

1 tsk salt

Rutevejledning:

Forbered et vandbad og anbring Sous Vide deri. Indstillet til 185 F.

Pisk tamari, smør, miso og salt sammen. Kom majsen i en plasticpose og hæld blandingen over. Ryst til belægning. Slip luft ud ved hjælp af vandfortrængningsmetoden, forsegl og nedsænk posen i vandbad. Indstil timeren til 3 timer. Når timeren er stoppet, skal du fjerne posen. Serveres varm.

Kammuslinger med bacon

Forberedelse + Tilberedningstid: 50 minutter | Portioner: 6

Ingredienser:

10 ounce kammuslinger
3 ounce bacon, skåret i skiver
½ løg, revet
½ tsk hvid peber
1 spsk olivenolie

Rutevejledning:

Forbered et vandbad og anbring Sous Vide deri. Indstil til 140 F.

Top kammuslingerne med revet løg og svøb med baconskiver. Drys med hvid peber og dryp med olie. Læg i en plastikpose. Slip luft ud ved hjælp af vandfortrængningsmetoden, forsegl og nedsænk posen i vandbad. Indstil timeren til 35 minutter. Når timeren er stoppet, skal du fjerne posen. Tjene.

Rejer forretter

Forberedelse + Tilberedningstid: 75 minutter | Portioner: 8

Ingredienser:

1 pund rejer

3 spsk sesamolie

3 spsk citronsaft

½ kop persille

Salt og hvid peber efter smag

Rutevejledning:

Forbered et vandbad og anbring Sous Vide deri. Indstil til 140 F.

Læg alle ingredienser i en vakuumforseglbar pose. Ryst for at dække rejerne godt. Slip luft ud ved hjælp af vandfortrængningsmetoden, forsegl og nedsænk posen i vandbad. Indstil timeren til 1 time. Når timeren er stoppet, skal du fjerne posen. Serveres varm.

Kyllingeleverpålæg

Forberedelse + Tilberedningstid: 5 timer 15 minutter | Portioner: 8

Ingredienser:

1 pund kyllingelever

6 æg

8 ounce bacon, hakket

2 spsk sojasovs

3 ounce skalotteløg, hakket

3 spsk eddike

Salt og sort peber efter smag

4 spsk smør

½ tsk paprika

Rutevejledning:

Forbered et vandbad og anbring Sous Vide deri. Indstil til 156 F.

Steg baconen i en stegepande ved middel varme, tilsæt skalotteløg og steg i 3 minutter. Rør sojasovsen og eddike i. Overfør til en blender sammen med de resterende ingredienser. Blend indtil glat. Læg alle ingredienserne i en krukke og forsegl. Kog i 5 timer. Når timeren er stoppet, fjernes glasset og serveres.

Gingery Squash Grøntsager

Forberedelse + Tilberedningstid: 70 minutter | Portioner: 8

Ingredienser:

14 ounce butternut squash

1 spsk revet ingefær

1 tsk smør, smeltet

1 tsk citronsaft

Salt og sort peber efter smag

¼ tsk gurkemeje

Rutevejledning:

Forbered et vandbad og anbring Sous Vide deri. Indstillet til 185 F.

Skræl og skær squashen i tern. Læg alle ingredienserne i en vakuumlukkelig pose. Ryst for at dække godt. Slip luft ud ved hjælp af vandfortrængningsmetoden, forsegl og nedsænk posen i vandbad. Indstil timeren til 55 minutter. Når timeren er stoppet, skal du fjerne posen. Serveres varm.

Hummerhaler

Forberedelse + Tilberedningstid: 50 minutter | Portioner: 6

Ingredienser:

1 pund hummerhaler, pellet

½ citron

½ tsk hvidløgspulver

¼ tsk løgpulver

1 spsk rosmarin

1 tsk olivenolie

Rutevejledning:

Forbered et vandbad og anbring Sous Vide deri. Indstil til 140 F.

Smag hummer til med hvidløg og løgpulver. Læg i en vakuumforseglbar pose. Tilsæt resten af ingredienserne og ryst til belægning. Slip luft ud ved hjælp af vandfortrængningsmetoden, forsegl og nedsænk posen i vandbad. Indstil timeren til 40 minutter. Når timeren er stoppet, skal du fjerne posen. Serveres varm.

BBQ Tofu

Forberedelse + Tilberedningstid: 2 timer 15 minutter | Portioner: 8

Ingredienser:

15 ounce tofu
3 spsk barbecue sauce
2 spsk tamari sauce
1 tsk løgpulver
1 tsk salt

Rutevejledning:

Forbered et vandbad og anbring Sous Vide deri. Indstil til 180 F.

Skær tofuen i tern. Læg det i en plastikpose. Slip luft ud ved hjælp af vandfortrængningsmetoden, forsegl og nedsænk posen i vandbad. Indstil timeren til 2 timer.

Når timeren er stoppet, fjernes posen og overføres til en skål. Tilsæt de resterende ingredienser og bland for at kombinere.

Velsmagende fransk toast

Forberedelse + Tilberedningstid: 100 minutter | Portioner: 2

Ingredienser:

2 æg

4 brødskiver

½ kop mælk

½ tsk kanel

1 spsk smør, smeltet

Rutevejledning:

Forbered et vandbad og anbring Sous Vide deri. Indstil til 150 F.

Pisk æg, mælk, smør og kanel sammen. Læg brødskiverne i en vakuumlukkelig pose og hæld æggeblandingen over. Ryst for at dække godt. Slip luft ud ved hjælp af vandfortrængningsmetoden, forsegl og nedsænk posen i vandbad. Indstil timeren til 1 time og 25 minutter. Når timeren er stoppet, skal du fjerne posen. Serveres varm.

Sød og krydret and

Forberedelse + Tilberedningstid: 70 minutter | Portioner: 4

Ingredienser:

1 pund andebryst

1 tsk timian

1 tsk oregano

2 spsk honning

½ tsk chilipulver

½ tsk paprika

1 tsk hvidløgssalt

1 spsk sesamolie

Rutevejledning:

Forbered et vandbad og anbring Sous Vide deri. Indstil til 158 F.

Pisk honning, olie, krydderier og krydderurter sammen. Pensl anden med blandingen og læg den i en vakuumlukkelig pose. Slip luft ud ved hjælp af vandfortrængningsmetoden, forsegl og nedsænk posen i vandbad. Indstil timeren til 60 minutter.

Når timeren er stoppet, fjern posen og skær andebrystet i skiver. Serveres varm.

Sous Vide syltede rabarber

Forberedelse + Tilberedningstid: 40 minutter | Portioner: 8

Ingredienser:

2 pund rabarber, skåret i skiver

7 spsk æblecidereddike

1 spsk brun farin

¼ bladselleri, hakket

¼ tsk salt

Rutevejledning:

Forbered et vandbad og anbring Sous Vide deri. Indstil til 180 F. Placer alle ingredienserne i en vakuumforseglbar pose. Ryst for at dække godt. Slip luft ud ved hjælp af vandfortrængningsmetoden, forsegl og nedsænk posen i vandbad. Kog i 25 minutter. Når timeren er stoppet, skal du fjerne posen. Serveres varm.

Tyrkiet frikadeller

Forberedelse + Tilberedningstid: 2 timer 10 minutter | Portioner: 4

Ingredienser:

12 ounce malet kalkun

2 tsk tomatsauce

1 æg

1 tsk koriander

1 spsk smør

Salt og sort peber efter smag

1 spsk brødkrummer

½ tsk timian

Rutevejledning:

Forbered et vandbad og anbring Sous Vide deri. Indstil til 142 F.

Bland alle ingredienserne i en skål. Form blandingen til frikadeller. Læg i en vakuumforseglbar pose. Slip luft ud ved hjælp af vandfortrængningsmetoden, forsegl og nedsænk posen i vandbad. Indstil timeren til 2 timer. Når timeren er stoppet, skal du fjerne posen. Serveres varm.

Søde lår med soltørrede tomater

Forberedelse + Tilberedningstid: 75 minutter | Portioner: 7)

Ingredienser:

2 pund kyllingelår

3 ounce soltørrede tomater, hakket

1 gule løg, hakket

1 tsk rosmarin

1 spsk sukker

2 spsk olivenolie

1 æg, pisket

Rutevejledning:

Forbered et vandbad og anbring Sous Vide deri. Indstil til 149 F.

Kombiner alle ingredienserne i en vakuumforseglbar pose og ryst for at dække godt. Slip luft ud ved hjælp af vandfortrængningsmetoden, forsegl og nedsænk posen i vandbad. Indstil timeren til 63 minutter. Når timeren er stoppet, fjernes posen og serveres som ønsket.

Adobo kylling

Forberedelse + Tilberedningstid: 4 timer 25 minutter | Portioner: 6

Ingredienser:

2 pund kyllingelår
3 spsk pebernødder
1 kop hønsefond
½ kop sojasovs
2 spsk eddike
1 spsk hvidløgspulver

Rutevejledning:

Forbered et vandbad og anbring Sous Vide deri. Indstil til 155 F.

Læg kyllingen, sojasovsen og hvidløgspulveret i en vakuumlukkelig pose. Slip luft ud ved hjælp af vandfortrængningsmetoden, forsegl og nedsænk posen i vandbad. Indstil timeren til 4 timer. Når timeren er stoppet, fjern posen og læg den i en gryde. Tilsæt de resterende ingredienser. Kog i 15 minutter mere.

"Eat-me" frugtagtig chorizo

Forberedelse + Tilberedningstid: 75 minutter | Portioner: 4

ingredienser

2½ kopper hvide druer uden kerner, stilke fjernet

1 spsk frisk rosmarin, hakket

2 spsk smør

4 chorizo pølser

2 spsk balsamicoeddike

Salt og sort peber efter smag

Vejbeskrivelse

Forbered et vandbad og anbring Sous Vide deri. Indstil til 165 F. Placer smør, hvide druer, rosmarin og chorizo i en vakuumforseglbar pose. Ryst godt. Slip luft ud ved hjælp af vandfortrængningsmetoden, forsegl og nedsænk posen i vandbadet. Kog i 60 minutter.

Når timeren er stoppet, overføres chorizoblandingen til en tallerken. I en varm gryde hældes kogevæsken sammen med druer og balsamicoeddike. Rør i 3 minutter. Top chorizo med druesauce.

Kylling og svampe i Marsala-sauce

Forberedelse + Tilberedningstid: 2 timer 25 minutter | Portioner: 2

Ingredienser:

2 kyllingebryst, udbenet og uden skind

1 kop Marsala vin

1 kop hønsebouillon

14 ounce svampe, skåret i skiver

½ spsk mel

1 spsk smør

Salt og sort peber efter smag

2 fed hvidløg, hakket

1 skalotteløg, hakket

Rutevejledning:

Forbered et vandbad og anbring Sous Vide deri. Sæt til 140 F. Krydr kyllingen med salt og peber og læg i en vakuumlukkelig pose sammen med svampene. Slip luft ud ved hjælp af vandfortrængningsmetoden, forsegl og nedsænk i vandbad. Kog i 2 timer.

Når timeren er stoppet, skal du fjerne posen. Smelt smørret i en gryde ved middel varme, pisk mel og de resterende ingredienser i. Kog indtil saucen tykner. Tilsæt kylling og kog i 1 minut.

Vanilje abrikoser med whisky

Forberedelse + Tilberedningstid: 45 minutter | Portioner: 4

ingredienser

2 abrikoser, udstenede og i kvarte

½ kop rug whisky

½ kop ultrafint sukker

1 tsk vaniljeekstrakt

Salt efter smag

Vejbeskrivelse

Forbered et vandbad og anbring Sous Vide i det. Indstil til 182 F. Placer alle ingredienser i en vakuumforseglbar pose. Slip luft ud ved hjælp af vandfortrængningsmetoden, forsegl og nedsænk i vandbad. Kog i 30 minutter. Når timeren er stoppet, fjernes posen og overføres til et isbad.

Nem krydret hummus

Forberedelse + Tilberedningstid: 3 timer 35 minutter | Portioner: 6

ingredienser

1½ kopper tørrede kikærter, udblødt natten over
2 liter vand
¼ kop citronsaft
¼ kop tahini pasta
2 fed hvidløg, hakket
2 spsk olivenolie
½ tsk kommenfrø
½ tsk salt
1 tsk cayennepeber

Vejbeskrivelse

Forbered et vandbad og anbring Sous Vide deri. Indstillet til 196 F.

Si kikærterne og læg dem i en vakuumlukkelig pose med 1 liter vand. Slip luft ud ved hjælp af vandfortrængningsmetoden, forsegl og nedsænk posen i vandbadet. Kog i 3 timer. Når timeren er stoppet, skal du fjerne posen og overføre den til et isvandsbad og lade den køle af.

Bland citronsaft og tahini i en blender i 90 sekunder. Tilsæt hvidløg, olivenolie, kommenfrø og salt, bland i 30 sekunder, indtil det er glat. Fjern kikærterne og dræn dem. For en mere jævn hummus, skræl kikærterne.

Kombiner halvdelen af kikærter i en foodprocessor med tahinblandingen og blend i 90 sekunder. Tilsæt de resterende kikærter og blend til det er glat. Kom blandingen i en tallerken og pynt med cayennepeber og de reserverede kikærter.

Kaffir Lime trommestikker

Forberedelse + Tilberedningstid: 80 minutter | Portioner: 7)

Ingredienser:

16 ounce kyllingeunderlår

2 spsk korianderblade

1 tsk tørret mynte

1 tsk timian

Salt og hvid peber efter smag

1 spsk olivenolie

1 spsk hakkede Kaffir limeblade

Rutevejledning:

Forbered et vandbad og anbring Sous Vide deri. Indstil til 153 F. Placer alle ingredienserne i en vakuumforseglbar pose. Massér for at dække kyllingen godt. Slip luft ud ved hjælp af vandfortrængningsmetoden, forsegl og nedsænk posen i vandbad. Indstil timeren til 70 minutter. Når du er færdig, fjern posen. Serveres varm.

Mælkeagtig kartoffelmos med rosmarin

Forberedelse + Tilberedningstid: 1 time 45 minutter | Portioner: 4

ingredienser

2 pund røde kartofler

5 fed hvidløg

8 oz smør

1 kop sødmælk

3 kviste rosmarin

Salt og hvid peber efter smag

Vejbeskrivelse

Forbered et vandbad og anbring Sous Vide deri. Indstil til 193 F. Vask kartoflerne og skræl dem og skær dem i skiver. Tag hvidløgene, pil og mos dem. Kombiner kartofler, hvidløg, smør, 2 spsk salt og rosmarin. Læg i en vakuumforseglbar pose. Slip luft ud ved hjælp af vandfortrængningsmetoden, forsegl og nedsænk posen i vandbadet. Kog i 1 time og 30 minutter.

Når timeren er stoppet, fjernes posen og overføres til en skål og moses. Rør det blandede smør og mælk. Smag til med salt og peber. Top med rosmarin og server.

Sød Tofu Kebab med grøntsager

Forberedelse + Tilberedningstid: 65 minutter | Portioner: 8)

ingredienser

1 zucchini, skåret i skiver

1 aubergine, skåret i skiver

1 gul peberfrugt, hakket

1 rød peberfrugt, hakket

1 grøn peberfrugt, hakket

16 ounce tofu ost

¼ kop olivenolie

1 tsk honning

Salt og sort peber efter smag

Vejbeskrivelse

Forbered et vandbad og anbring Sous Vide deri. Indstillet til 186 F.

Læg zucchini og aubergine i en vakuumlukkelig pose. Læg peberfrugtstykkerne i en vakuumlukkelig pose. Slip luft ud ved hjælp af vandfortrængningsmetoden, forsegl og nedsænk poserne i vandbadet. Kog i 45 minutter. Efter 10 minutter opvarmes en stegepande over medium varme.

Si tofuen og dup den tør. Skær i tern. Pensl med olivenolie og kom over i gryden og svits til de er gyldenbrune på hver side. Overfør i en skål, hæld honning i og læg låg på. Lad det køle af. Når timeren er stoppet, fjern poserne og kom alt indholdet over i en skål. Smag til med salt og peber. Kassér madlavningssaft. Læg grøntsager og tofu skiftevis i kebaberne.

Dijon kyllingefileter

Forberedelse + Tilberedningstid: 65 minutter | Portioner: 4

Ingredienser:

1 pund kyllingefileter

3 spsk dijonsennep

2 løg, revet

2 spsk majsstivelse

½ kop mælk

1 spsk citronskal

1 tsk timian

1 tsk oregano

Hvidløg salt og sort peber efter smag

1 spsk olivenolie

Rutevejledning:

Forbered et vandbad og anbring Sous Vide deri. Indstil til 146 F. Pisk alle ingredienserne sammen og læg dem i en vakuumforseglende pose. Slip luft ud ved hjælp af vandfortrængningsmetoden, forsegl og nedsænk posen i vandbad. Indstil timeren til 45 minutter. Når timeren er stoppet, fjern posen og kom over i en gryde og kog over medium varme i 10 minutter.

Gulerødder og nødder fyldte peberfrugter

Forberedelse + Tilberedningstid: 2 timer 35 minutter | Portioner: 5

ingredienser

4 skalotteløg, hakket

4 gulerødder, hakket

4 fed hvidløg, hakket

1 kop rå cashewnødder, udblødt og drænet

1 kop pekannødder, udblødt og drænet

1 spsk balsamicoeddike

1 spsk sojasovs

1 spsk stødt spidskommen

2 tsk paprika

1 tsk hvidløgspulver

1 knivspids cayennepeber

4 friske timiankviste

Skal af 1 citron

4 peberfrugter, toppen skåret af og kernet

Vejbeskrivelse

Forbered et vandbad og anbring Sous Vide deri. Indstillet til 186 F.

Kom gulerødder, hvidløg, skalotteløg, cashewnødder, pekannødder, balsamicoeddike, sojasauce, spidskommen, paprika, hvidløgspulver, cayenne, timian og citronskal i en blender. Bland indtil groft.

Hæld blandingen i peberfrugtskallerne og læg dem i en vakuumlukkelig pose. Slip luft ud ved hjælp af vandfortrængningsmetoden, forsegl og nedsænk posen i vandbadet. Kog i 1 time og 15 minutter. Når timeren er stoppet, fjernes peberfrugterne og overføres til en tallerken.

Appelsinand med paprika og timian

Forberedelse + Tilberedningstid: 15 timer 10 minutter | Portioner: 4

Ingredienser:

16 ounce andeben

1 tsk appelsinskal

2 spsk Kaffir blade

1 tsk salt

1 tsk sukker

1 spsk appelsinjuice

2 tsk sesamolie

½ tsk paprika

½ tsk timian

Rutevejledning:

Forbered et vandbad og anbring Sous Vide deri. Indstil til 160 F. Dump alle ingredienserne i en vakuumforseglbar pose. Massage for at kombinere godt. Slip luft ud ved hjælp af vandfortrængningsmetoden, forsegl og nedsænk posen i vandbad. Indstil timeren til 15 timer.

Når timeren er stoppet, skal du fjerne posen. Serveres varm.

Bacon-indpakket kalkunben

Forberedelse + Tilberedningstid: 6 timer 15 minutter | Portioner: 5

Ingredienser:

14 ounce kalkunben

5 ounce bacon, skåret i skiver

½ tsk chiliflager

2 tsk olivenolie

1 spsk creme fraiche

½ tsk oregano

½ tsk paprika

¼ citron, skåret i skiver

Rutevejledning:

Forbered et vandbad og anbring Sous Vide deri. Indstil til 160 F.

Kom krydderurterne og krydderierne i en skål med cremefraiche og pensl over kalkunen. Pak i bacon og dryp med olivenolie. Læg i en vakuumlukkelig pose sammen med citron. Slip luft ud ved hjælp af vandfortrængningsmetoden, forsegl og nedsænk posen i vandbad. Indstil timeren til 6 timer. Når timeren er stoppet, fjern posen og skær den ud. Serveres varm.

Estragon Asparges Mix

Forberedelse + Tilberedningstid: 25 minutter | Portioner: 3

Ingredienser:

1 ½ lb mellemstore asparges

5 spsk smør

2 spsk citronsaft

½ tsk citronskal

1 spsk purløg, skåret i skiver

1 spsk persille, hakket

1 spsk + 1 spsk frisk dild, hakket

1 spsk + 1 spsk estragon, hakket

Rutevejledning:

Lav et vandbad, læg Sous Vide deri, og sæt til 183 F. Skær af og kassér den stramme bund af aspargesene. Læg aspargesene i en vakuumlukkelig pose.

Slip luft ud ved hjælp af vandfortrængningsmetoden, forsegl og nedsænk i vandbad og indstil timeren i 10 minutter.

Når timeren er stoppet, skal du fjerne posen og lukke forseglingen. Stil en stegepande over svag varme, tilsæt smør og dampede asparges. Smag til med salt og peber og rør rundt hele tiden. Tilsæt citronsaft og -skal og kog i 2 minutter.

Sluk for varmen og tilsæt persille, 1 spsk dild og 1 spsk estragon. Kast jævnt. Pynt med resterende dild og estragon. Serveres lun som tilbehør.

Krydrede blomkålssteaks

Forberedelse + Tilberedningstid: 35 minutter | Portioner: 5

Ingredienser:

1 pund blomkål, skåret i skiver
1 spsk gurkemeje
1 tsk chilipulver
½ tsk hvidløgspulver
1 tsk sriracha
1 spsk chipotle
1 spsk tung
2 spsk smør

Rutevejledning:

Forbered et vandbad og anbring Sous Vide deri. Indstillet til 185 F.

Pisk alle ingredienserne sammen undtagen blomkål. Pensl blomkålsbøfferne med blandingen. Læg dem i en vakuumforseglbar pose. Slip luft ud ved hjælp af vandfortrængningsmetoden, forsegl og nedsænk posen i vandbad. Indstil timeren til 18 minutter.

Når timeren er stoppet, fjern posen og forvarm din grill og steg bøfferne i et minut på hver side.

Cayenne kartoffelstrimler med mayodressing

Forberedelse + Tilberedningstid: 1 time 50 minutter | Portioner: 6

ingredienser

2 store guldkartofler, skåret i strimler
Salt og sort peber efter smag
1½ spsk olivenolie
1 tsk timian
1 tsk paprika
½ tsk cayennepeber
1 æggeblomme
2 spsk cidereddike
¾ kop vegetabilsk olie
Salt og sort peber efter smag

Vejbeskrivelse

Forbered et vandbad og anbring Sous Vide deri. Indstil til 186 F. Læg kartoflerne med en knivspids salt i en vakuumforseglende pose. Slip luft ud ved hjælp af vandfortrængningsmetoden, forsegl og nedsænk i vandbad. Kog i 1 time og 30 minutter.

Når timeren er stoppet, fjern kartoflerne og dup dem tørre med køkkenrulle. Kassér madlavningssaft. Varm olie op i en pande ved middel varme. Tilsæt pommes frites og drys med paprika, cayenne, timian, sort peber og det resterende salt. Rør i 7 minutter, indtil kartoflerne bliver gyldenbrune på alle sider.

For at lave mayoen: bland godt æggeblomme og halvdelen af eddike. Hæld langsomt vegetabilsk olie i, under omrøring, indtil glat. Tilsæt den resterende eddike. Smag til med salt og peber og bland godt. Server med fritter.

Smør- og sød and

Forberedelse + Tilberedningstid: 7 timer 10 minutter | Portioner: 7)

Ingredienser:

2 pund andevinger

2 spsk sukker

3 spsk smør

1 spsk ahornsirup

1 tsk sort peber

1 tsk salt

1 spsk tomatpure

Rutevejledning:

Forbered et vandbad og anbring Sous Vide deri. Indstil til 175 F.

Pisk ingredienserne sammen i en skål og pensl vingerne med blandingen. Placer vingerne i en vakuumlukkelig pose og hæld den resterende blanding over. Slip luft ud ved hjælp af vandfortrængningsmetoden, forsegl og nedsænk posen i vandbad. Indstil timeren til 7 timer. Når timeren er stoppet, fjern posen og skær den ud. Serveres varm.

Buttery Yams

Forberedelse + Tilberedningstid: 1 time 10 minutter | Portioner: 4

ingredienser

1 pund yams, skåret i skiver
8 spsk smør
½ kop tung fløde
Salt efter smag

Vejbeskrivelse

Forbered et vandbad og anbring Sous Vide deri. Indstil til 186 F. Kombiner den tunge fløde, yams, kosher salt og smør. Læg i en vakuumforseglbar pose. Slip luft ud ved hjælp af vandfortrængningsmetoden, forsegl og nedsænk posen i vandbadet. Kog i 60 minutter.

Når timeren er stoppet, fjern posen og hæld indholdet i en skål. Brug en foodprocessor bland godt og server.

Spinat- og svampequiche

Forberedelse + Tilberedningstid: 20 minutter | Portioner: 2

Ingredienser:

1 kop friske Cremini-svampe, skåret i skiver
1 kop frisk spinat, hakket
2 store æg, pisket
2 spsk sødmælk
1 fed hvidløg, hakket
¼ kop parmesanost, revet
1 spsk smør
½ tsk salt

Rutevejledning:

Vask svampene under koldt rindende vand og skær dem i tynde skiver. Sæt til side. Vask spinaten grundigt og hak den groft.

Læg svampe, spinat, mælk, hvidløg og salt i en stor vakuumforseglbar pose. Luk posen og kog i sous vide i 10 minutter ved 180 F.

Smelt imens smørret i en stor gryde ved middel varme. Tag grøntsagsblandingen ud af posen og kom den i en gryde. Kog i 1 minut, og tilsæt derefter sammenpisket æg. Rør godt, indtil det er inkorporeret, og kog til æggene er sat. Drys med revet ost og tag af varmen til servering.

Mexicansk smørmajs

Forberedelse + Tilberedningstid: 40 minutter | Portioner: 2

ingredienser

2 aks, sucked
2 spsk koldt smør
Salt og sort peber efter smag
¼ kop mayonnaise
½ spsk chilipulver i mexicansk stil
½ tsk revet limeskal
¼ kop smuldret fetaost
¼ kop hakket, frisk koriander
Limebåde til servering

Vejbeskrivelse

Forbered et vandbad og anbring Sous Vide deri. Indstillet til 183 F.

Læg majsørerne og smørret i en vakuumlukkelig pose. Smag til med salt og peber. Slip luft ud ved hjælp af vandfortrængningsmetoden, forsegl og nedsænk posen i vandbadet. Kog i 30 minutter.

Når timeren er stoppet, fjern majsen. I en lille pose puttes mayo, limeskal og chilipulver i. Ryst godt. Læg fetaosten i en tallerken. Top majsørerne med 1 spsk mayonnaiseblanding og rul dem på osten. Pynt med salt. Tjene.

Oste pærer med valnødder

Forberedelse + Tilberedningstid: 55 minutter | Portioner: 2

ingredienser

1 pære, skåret i skiver
1 pund honning
½ kop valnødder
4 spsk barberet Grana Padano ost
2 kopper rucolablade
Salt og sort peber efter smag
2 spsk citronsaft
2 spsk olivenolie

Vejbeskrivelse

Forbered et vandbad og anbring Sous Vide deri. Indstil til 158 F. Kombiner honning og pærer. Læg i en vakuumforseglbar pose. Slip luft ud ved hjælp af vandfortrængningsmetoden, forsegl og nedsænk posen i vandbadet. Kog i 45 minutter. Når timeren er stoppet, fjernes posen og overføres til en skål. Top med dressingen.

Broccoli & blå ostemos

Forberedelse + Tilberedningstid: 1 time 40 minutter | Portioner: 6

ingredienser

1 hoved broccoli, skåret i buketter

3 spsk smør

Salt og sort peber efter smag

1 spsk persille

5 oz blåskimmelost, smuldret

Vejbeskrivelse

Forbered et vandbad og anbring Sous Vide deri. Indstillet til 186 F.

Læg broccoli, smør, salt, persille og sort peber i en vakuumlukkelig pose. Slip luft ud ved hjælp af vandfortrængningsmetoden, forsegl og nedsænk posen i vandbadet. Kog i 1 time og 30 minutter.

Når timeren er stoppet, fjernes posen og overføres til en blender. Kom osten indeni og bland ved høj hastighed i 3-4 minutter, indtil den er glat. Tjene.

Curry Zucchini

Forberedelse + Tilberedningstid: 40 minutter | Portioner: 3

Ingredienser:

3 små zucchinier i tern
2 tsk karrypulver
1 spsk olivenolie
Salt og sort peber efter smag
¼ kop koriander

Rutevejledning:

Lav et vandbad, anbring Sous Vide i det, og sæt til 185 F. Placer zucchinier i en vakuumforseglende pose. Slip luft ud ved hjælp af vandfortrængningsmetoden, forsegl og nedsænk posen i vandbadet. Kog i 20 minutter. Når timeren er stoppet, fjernes og lukkes posen. Placer en stegepande over medium, tilsæt olivenolie. Når det er opvarmet, tilsæt zucchini og de resterende angivne ingredienser. Smag til med salt og steg i 5 minutter. Server som tilbehør.

Nøddebagte søde kartofler

Forberedelse + Tilberedningstid: 3 timer 45 minutter | Portioner: 2

ingredienser

1 pund søde kartofler, skåret i skiver
Salt efter smag
¼ kop valnødder
1 spsk kokosolie

Vejbeskrivelse

Forbered et vandbad og anbring Sous Vide deri. Indstil til 146 F. Læg kartoflerne og saltet i en vakuumforseglbar pose. Slip luft ud ved hjælp af vandfortrængningsmetoden, forsegl og nedsænk posen i vandbadet. Kog i 3 timer. Varm en stegepande op over middel varme og rist valnødderne. Hak dem.

Forvarm over til 375 F og beklædt en bageplade med bagepapir. Når timeren er stoppet, fjernes kartoflerne og overføres til bagepladen. Drys med kokosolie og bag i 20-30 minutter. Kast en gang. Server toppet med ristede valnødder.

Krydrede syltede rødbeder

Forberedelse + Tilberedningstid: 50 minutter | Portioner: 4

ingredienser

12 oz rødbeder, skåret i skiver

½ jalapenopeber

1 fed hvidløg i tern

2/3 kop hvid eddike

2/3 kop vand

2 spsk syltende krydderi

Vejbeskrivelse

Forbered et vandbad og anbring Sous Vide deri. Sæt til 192 F. Kombiner jalapeñopeber, rødbeder og fed hvidløg i 5 murerglas.

Varm en gryde op og kog syltningskrydderi, vand og hvid eddike op. Dræn og hæld rødbedeblandingen over i glassene. Luk og nedsænk glassene i vandbadet. Kog i 40 minutter. Når timeren er stoppet, fjern glassene og lad dem køle af. Tjene.

Krydret smør majs

Forberedelse + Tilberedningstid: 35 minutter | Portioner: 5

ingredienser

5 spsk smør
5 aks gul majs, afskallet
1 spsk frisk persille
½ tsk cayennepeber
Salt efter smag

Vejbeskrivelse

Forbered et vandbad og anbring Sous Vide deri. Indstillet til 186 F.

Placer 3 kornaks i hver vakuumforseglende pose. Slip luft ud ved hjælp af vandfortrængningsmetoden, forsegl og nedsænk poserne i vandbadet. Kog i 30 minutter. Når timeren er stoppet, fjernes majsen fra poserne og overføres til en tallerken. Pynt med cayennepeber og persille.

Paprika & rosmarin kartofler

Forberedelse + Tilberedningstid: 55 minutter | Portioner: 4

ingredienser

8 oz fingerling kartofler

Salt og sort peber efter smag

1 spsk smør

1 kvist rosmarin

1 tsk paprika

Vejbeskrivelse

Forbered et vandbad og anbring Sous Vide deri. Indstil til 178 F.

Kombiner kartoflerne med salt, paprika og peber. Læg dem i en vakuumforseglbar pose. Slip luft ud ved hjælp af vandfortrængningsmetoden, forsegl og nedsænk posen i vandbadet. Kog i 45 minutter.

Når timeren er stoppet, fjernes kartoflerne og halveres. Varm smørret op i en gryde ved middel varme og rør rosmarin og kartofler i. Kog i 3 minutter. Anret i en tallerken. Pynt med salt.

Krukkede græskarbrød

Forberedelse + Tilberedningstid: 3 timer 40 minutter | Portioner: 4

Ingredienser:

1 æg, pisket
6 spsk græskarpuré på dåse
6 ounce mel
1 tsk bagepulver
1 tsk kanel
¼ tsk muskatnød
1 spsk sukker
¼ tsk salt

Rutevejledning:

Forbered et vandbad og anbring Sous Vide deri. Indstillet til 195 F.

Sigt melet sammen med bagepulver, salt, kanel og muskatnød i en skål. Rør sammenpisket æg, sukker og græskarpuré. Bland til en dej.

Fordel dejen mellem to murerglas og forsegl. Anbring i vandbad og kog i 3 timer og 30 minutter. Når tiden er gået, skal du fjerne glassene og lade dem køle af inden servering.

Porre & hvidløgsæg

Forberedelse + Tilberedningstid: 35 minutter | Portioner: 2

Ingredienser:

2 kopper frisk porre, skåret i mundrette stykker
5 fed hvidløg, hele
1 spsk smør
2 spsk ekstra jomfru olivenolie
4 store æg
1 tsk salt

Rutevejledning:

Pisk æg, smør og salt sammen. Overfør til en vakuumforseglbar pose og kog i Sous Vide i ti minutter ved 165 F. Overfør forsigtigt til en tallerken. Varm olien op i en stor gryde ved middel varme. Tilsæt hvidløg og hakket porre. Steg under omrøring i ti minutter. Tag af varmen og brug til at toppe æg.

Cremet artiskokdip

Forberedelse + Tilberedningstid: 1 time 45 minutter | Portioner: 6

Ingredienser:

2 spsk smør

2 løg i kvarte

3 fed hvidløg, hakket

15 oz artiskokhjerter, hakket

18 oz frossen spinat, optøet

5 oz grønne chili

3 spsk mayonnaise

3 spsk flødeost

Rutevejledning:

Lav et vandbad, anbring Sous Vide i det og til 181 F. Del løg, hvidløg, artiskokhjerter, spinat og grønne chili i 2 vakuumlukkelige poser. Slip luft ud ved hjælp af vandfortrængningsmetoden, forsegl og nedsænk poserne i vandbadet. Indstil timeren til 30 minutter for at lave mad.

Når timeren er stoppet, skal du fjerne og lukke poserne ud. Purér ingredienserne med en blender. Stil en pande over middel varme og tilsæt smør. Kom grøntsagsmos, citronsaft, mayonnaise og flødeost i. Smag til med salt og peber. Rør og kog i 3 minutter. Serveres lun med grøntsagsstrimler.

Radiseostdip

Forberedelse + Tilberedningstid: 1 time 15 minutter | Portioner: 4

Ingredienser:

30 små radiser, grønne blade fjernet

1 spsk Chardonnay eddike

Sukker efter smag

1 kop vand til dampning

1 spsk vindruekerneolie

12 oz flødeost

Rutevejledning:

Lav et vandbad, læg Sous Vide i det, og sæt til 183 F. Kom radiser, salt, peber, vand, sukker og eddike i en vakuumforseglende pose. Slip luft ud af posen, forsegl og dyk ned i vandbadet. Kog i 1 time. Når timeren er stoppet, fjern posen, luk forseglingen og overfør radiserne med lidt af det dampende vand i en blender. Tilsæt flødeost og puré for at få en jævn pasta. Tjene.

Selleridip

Forberedelse + Tilberedningstid: 50 minutter | Portioner: 3

Ingredienser:

½ lb sellerirod, skåret i skiver

1 kop tung fløde

3 spsk smør

1 spsk citronsaft

Salt efter smag

Rutevejledning:

Lav et vandbad, anbring Sous Vide i det, og sæt til 183 F. Placer selleri, fløde, citronsaft, smør og salt i en vakuumforseglende pose. Slip luft ud af posen, forsegl og dyk ned i badet. Kog i 40 minutter. Når timeren er stoppet, fjernes og lukkes posen. Purér ingredienserne med en blender. Tjene.

Krydret BBQ Sauce

Forberedelse + Tilberedningstid: 1 time 15 minutter | Portioner: 10)

Ingredienser:

1 ½ lb små tomater

¼ kop æblecidereddike

¼ tsk sukker

1 spsk Worcestershire sauce

½ spsk flydende hickoryrøg

2 tsk røget paprika

2 tsk hvidløgspulver

1 tsk løgpulver

Salt efter smag

½ tsk chilipulver

½ tsk cayennepeber

4 spsk vand

Rutevejledning:

Lav et vandbad, anbring Sous Vide i det, og sæt til 185 F.

Skil tomaterne i to vakuumlukkelige poser. Slip luft ud ved hjælp af vandfortrængningsmetoden, forsegl og nedsænk poserne i vandbadet. Indstil timeren til 40 minutter.

Når timeren er stoppet, skal du fjerne og lukke poserne ud. Kom tomaterne over i en blender og purér, indtil de er glatte og tykke. Tilsæt ikke vand.

Sæt en gryde over middel varme, tilsæt tomatpuré og de resterende ingredienser. Bring i kog, under konstant omrøring i 20 minutter. Der skal opnås en tyk konsistens.

Peri Peri sauce

Forberedelse + Tilberedningstid: 40 minutter | Portioner: 15

Ingredienser:

2 lb rød chilipeber
4 fed hvidløg, knust
2 tsk røget paprika
1 kop korianderblade, hakket
½ kop basilikumblade, hakket
1 kop olivenolie
2 citronsaft

Rutevejledning:

Lav et vandbad, anbring Sous Vide i det, og sæt til 185 F.

Læg peberfrugterne i en vakuumlukkelig pose. Slip luft ud ved hjælp af vandfortrængningsmetoden, forsegl og nedsænk posen i vandbadet. Indstil timeren til 30 minutter.

Når timeren er stoppet, fjernes og lukkes posen. Overfør peberfrugten og de resterende anførte ingredienser til en blender og puré for at glatte.

Opbevar i en lufttæt beholder, køl og brug i op til 7 dage.

Ingefærsirup

Forberedelse + Tilberedningstid: 1 time 10 minutter | Portioner: 10)

Ingredienser:

1 kop ingefær, skåret i tynde skiver
1 stort hvidt løg, pillet
2½ dl vand
¼ kop sukker

Rutevejledning:

Lav et vandbad, anbring Sous Vide i det, og sæt til 185 F. Placer løg i en vakuumforseglende pose. Slip luft ud ved hjælp af vandfortrængningsmetoden, forsegl og nedsænk i vandbadet. Kog i 40 minutter.

Når timeren er stoppet, fjernes og lukkes posen. Overfør løget med 4 spiseskefulde vand til en blender og purér til glat. Stil en gryde over medium varme, tilsæt løgpuréen og de resterende angivne ingredienser. Bring i kog i 15 minutter. Sluk for varmen, afkøl og sigt gennem en fin sigte. Opbevar i en krukke, køl og brug i op til 14 dage. Brug det som krydderi i andre fødevarer.

Hønsefond

Forberedelse + Tilberedningstid: 12 timer 25 minutter | Portioner: 3

Ingredienser:

2 lb kylling, alle dele - lår, bryster
5 kopper vand
2 selleristænger, hakket
2 hvide løg, hakket

Rutevejledning:

Lav et vandbad, læg Sous Vide i det, og sæt til 194 F. Adskil alle ingredienserne i 2 vakuumposer, fold toppen af poserne 2-3 gange. Lægges i vandbadet. Indstil timeren til 12 timer.

Når timeren er stoppet, skal du fjerne poserne og overføre ingredienserne til en gryde. Kog ingredienserne ved høj varme i 10 minutter. Sluk for varmen og sigt. Brug fonden som suppebund.

Løg Pomodoro Sauce

Forberedelse + Tilberedningstid: 30 minutter | Portioner: 4

ingredienser

4 kopper tomater, halveret og udkernet

½ løg, hakket

½ tsk sukker

¼ kop frisk oregano

2 fed hvidløg, hakket

Salt og sort peber efter smag

5 spsk olivenolie

Rutevejledning:

Forbered et vandbad og anbring Sous Vide deri. Indstil til 175 F. Placer tomater, oregano, hvidløg, løg og sukker i en vakuumforseglende pose. Slip luft ud ved hjælp af vandfortrængningsmetoden, forsegl og nedsænk posen i vandbadet. Kog i 15 minutter.

Når timeren er stoppet, skal du fjerne posen og overføre indholdet til en blender og blande i 1 minut, indtil det er glat. Top med sort peber.

Peberpuré

Forberedelse + Tilberedningstid: 40 minutter | Portioner: 4

Ingredienser:

8 røde peberfrugter, uden kernehus

⅓ kop olivenolie

2 spsk citronsaft

3 fed hvidløg, knust

2 tsk sød paprika

Rutevejledning:

Lav et vandbad og anbring Sous Vide i det og sæt til 183 F. Kom peberfrugt, hvidløg og olivenolie i en vakuumforseglende pose. Slip luft ud ved hjælp af vandfortrængningsmetoden, forsegl og nedsænk poserne i vandbadet. Indstil timeren til 20 minutter og kog.

Når timeren er stoppet, skal du fjerne posen og lukke forseglingen. Kom peberfrugt og hvidløg over i en blender og purér for at glatte. Stil en pande over medium varme; tilsæt peberfrugtpuré og de resterende ingredienser. Kog i 3 minutter. Serveres lun eller kold som dip.

Jalapeno krydderier

Forberedelse + Tilberedningstid: 70 minutter | Portioner: 6

Ingredienser:

2 jalapeno peberfrugter

2 grønne chilipeber

2 fed hvidløg, knust

1 løg, kun pillet

3 tsk oregano pulver

3 tsk sort peber pulver

2 tsk rosmarinpulver

10 tsk anispulver

Vejbeskrivelse

Lav et vandbad, anbring Sous Vide i det, og sæt til 185 F. Placer peberfrugter og løg i en vakuumforseglende pose. Slip luft ud ved hjælp af vandfortrængningsmetoden, forsegl og nedsænk posen i vandbadet. Indstil timeren til 40 minutter.

Når timeren er stoppet, fjernes og lukkes posen. Overfør peberfrugt og løg med 2 spsk vand til en blender og purér for at glatte.

Sæt en gryde over svag varme, tilsæt peberpuré og de resterende ingredienser. Lad det simre i 15 minutter. Sluk for varmen og afkøl. Opbevar i en krydderiglas, køl og brug i op til 7 dage. Brug det som krydderi.

Oksefond

Forberedelse + Tilberedningstid: 13 timer 25 minutter | Portioner: 6

Ingredienser:

3 lb oksekød fødder

1 ½ lb oksekødben

½ lb hakket oksekød

5 kopper tomatpure

6 søde løg

3 hoveder hvidløg

6 spsk sort peber

5 kviste timian

4 laurbærblade

10 kopper vand

Rutevejledning:

Forvarm en ovn til 425 F. Placer oksekødben og oksekødfødder i en bradepande og gnid dem med tomatpuréen. Tilsæt hvidløg og løg. Sæt til side. Læg og smuldr hakket oksekød i en anden bradepande. Sæt bradepandene i ovnen og steg, indtil de er mørkebrune.

Når det er gjort, drænes fedtet fra bradepanderne. Lav et vandbad i en stor beholder, læg Sous Vide i den og sæt den til 195 F. Adskil hakkebøffer, ristede grøntsager, sort peber, timian og laurbærblade i 3 vakuumposer. Afglat bradepanderne med vand og tilsæt det til poserne. Fold toppen af poserne 2 til 3 gange.

Placer poserne i vandbadet og klip det fast på Sous Vide-beholderen. Indstil timeren til 13 timer. Når timeren er stoppet, skal du fjerne poserne og overføre ingredienserne til en gryde. Bring ingredienserne i kog ved høj varme. Kog i 15 minutter. Sluk for varmen og sigt. Brug fonden som suppebund.

Hvidløg Basilikum Rub

Forberedelse + Tilberedningstid: 55 minutter | Portioner: 15

Ingredienser:

2 hoveder hvidløg, knust

2 tsk olivenolie

En knivspids salt

1 fennikelhoved, hakket

2 citroner, skrællet og saftet

¼ sukker

25 basilikumblade

Rutevejledning:

Lav et vandbad, læg Sous Vide i det og sæt til 185 F. Anbring fennikel og sukker i en vakuumforseglende pose. Slip luft ud ved hjælp af vandfortrængningsmetoden, forsegl og nedsænk posen i vandbadet. Indstil timeren til 40 minutter. Når timeren er stoppet, skal du fjerne og lukke posen.

Overfør fennikel, sukker og de resterende angivne ingredienser til en blender og puré for at glatte. Opbevar i en krydderibeholder og brug op til en uge med på køl.

Honning og løg balsamicodressing

Forberedelse + Tilberedningstid: 1 time 55 minutter | Portioner: 1)

ingredienser

3 søde løg, hakket

1 spsk smør

Salt og sort peber efter smag

2 spsk balsamicoeddike

1 spsk honning

2 tsk friske timianblade

Vejbeskrivelse

Forbered et vandbad og anbring Sous Vide deri. Indstillet til 186 F.

Varm en stegepande op ved middel varme med smør. Tilsæt løg, krydr med salt og peber og steg i 10 minutter. Tilsæt balsamicoeddike og kog i 1 minut. Tag af varmen og hæld honning i.

Placer blandingen i en vakuumforseglbar pose. Slip luft ud ved hjælp af vandfortrængningsmetoden, forsegl og nedsænk posen i vandbadet. Kog i 90 minutter. Når timeren er stoppet, fjernes posen og overføres til et fad. Pynt med frisk timian. Server med pizza eller sandwich.

Tomatsovs

Forberedelse + Tilberedningstid: 55 minutter | Portioner: 4

Ingredienser:

1 (16-oz) dåse tomater, knuste

1 lille hvidt løg i tern

1 kop friske basilikumblade

1 spsk olivenolie

1 fed hvidløg, knust

Salt efter smag

1 laurbærblad

1 rød chili

Rutevejledning:

Lav et vandbad, anbring Sous Vide i det, og sæt til 185 F. Placer alle de anførte ingredienser i en vakuumforseglbar pose. Slip luft ud ved hjælp af vandfortrængningsmetoden, forsegl og nedsænk posen i vandbadet. Indstil timeren til 40 minutter. Når timeren er stoppet, fjernes og lukkes posen. Kassér laurbærbladet og overfør de resterende ingredienser til en blender og purér glat. Server som en sidesauce.

Fisk og skaldyr Stock

Forberedelse + Tilberedningstid: 10 timer 10 minutter | Portioner: 6

Ingredienser:

1 lb rejeskaller, med hoveder og haler
3 kopper vand
1 spsk olivenolie
2 tsk salt
2 kviste rosmarin
½ hoved hvidløg, knust
½ kop bladselleri, hakket

Rutevejledning:

Lav et vandbad, læg Sous Vide i det, og sæt til 180 F. Smid rejerne med olivenolien. Placer rejerne med de resterende nævnte ingredienser i en vakuumforseglbar pose. Slip luft ud, forsegl og nedsænk posen i vandbadet, og indstil timeren til 10 timer.

Fisk bouillon

Forberedelse + Tilberedningstid: 10 timer 15 minutter | Portioner: 4

Ingredienser:

5 kopper vand
½ lb fiskefileter, skind
1 lb fiskehoved
5 mellemstore grønne løg
3 søde løg
¼ lb sort tang (Kombu)

Rutevejledning:

Lav et vandbad, anbring Sous Vide i det, og sæt til 194 F. Adskil alle de anførte ingredienser ligeligt i 2 vakuumposer, fold toppen af poserne 2 gange. Placer dem i vandbadet og klip det fast på Sous Vide-beholderen. Indstil timeren til 10 timer.

Når timeren er stoppet, skal du fjerne poserne og overføre ingredienserne til en gryde. Kog ingredienserne ved høj varme i 5 minutter Sluk for varmen og sigt. Stil på køl og brug i op til 14 dage.

Senneps aspargesdressing

Forberedelse + Tilberedningstid: 30 minutter | Portioner: 2

ingredienser

1 bundt store asparges

Salt og sort peber efter smag

¼ kop olivenolie

1 tsk dijonsennep

1 tsk dild

1 tsk rødvinseddike

1 hårdkogt æg, hakket

Frisk persille, hakket

Vejbeskrivelse

Forbered et vandbad og anbring Sous Vide deri. Indstillet til 186 F.

Hak bunden af aspargesene og kassér dem.

Skræl bunden af stilken og læg den i en vakuumlukkelig pose. Slip luft ud ved hjælp af vandfortrængningsmetoden, forsegl og nedsænk posen i vandbadet. Kog i 15 minutter.

Når timeren er stoppet, fjernes posen og overføres til et isbad. Adskil kogesaften. I en skål, til vinaigretten, kombinere olivenolie, eddike og sennep; rør grundigt. Smag til med salt og flyt det til en murerkrukke. Luk og ryst, indtil det er godt blandet. Top med persille, æg og vinaigretten.

Grøntsagslager

Forberedelse + Tilberedningstid: 12 timer 35 minutter | Portioner: 10)

Ingredienser:

1 ½ dl sellerirod, skåret i tern

1 ½ dl porrer i tern

½ kop fennikelløg, skåret i tern

4 fed hvidløg, knust

1 spsk olivenolie

6 kopper vand

1½ dl svampe

½ kop persille, hakket

1 spsk sorte peberkorn

1 laurbærblad

Rutevejledning:

Lav et vandbad, læg Sous Vide i det, og sæt til 180 F. Forvarm en ovn til 450 F. Placer porrer, selleri, fennikel, hvidløg og olivenolie i en skål. Smid dem. Kom dem over i en bradepande og sæt dem i ovnen. Steg i 20 minutter.

Læg de ristede grøntsager med saft, vand, persille, peberkorn, svampe og laurbærblad i en vakuumforseglende pose. Slip luft ud, forsegl og nedsænk posen i vandbadet, og indstil timeren til 12 timer. Dæk vandbadets beholder med en plastfolie for at reducere fordampningen og bliv ved med at tilføje vand til badet for at holde grøntsagerne dækket.

Når timeren er stoppet, fjernes og lukkes posen. Si ingredienserne. Afkøl og brug frosset i op til 1 måned.

Når timeren er stoppet, fjernes og lukkes posen. Si ingredienserne. Afkøl og brug frosset i op til 2 uger.

Hvidløg Tabasco Edamame ost

Forberedelse + Tilberedningstid: 1 time 6 minutter | Portioner: 4

ingredienser

1 spsk olivenolie

4 kopper frisk edamame i bælg

1 tsk salt

1 fed hvidløg, hakket

1 spsk rød peberflager

1 spsk Tabasco sauce

Vejbeskrivelse

Forbered et vandbad og anbring Sous Vide deri. Indstillet til 186 F.

Varm en gryde op med vand ved høj varme og blancher edamame-gryderne i 60 sekunder. Si dem og overfør dem i et isvandbad. Kombiner hvidløg, rød peberflager, Tabasco sauce og olivenolie.

Placer edamamen i en vakuumforseglbar pose. Hæld Tabasco saucen. Slip luft ud ved hjælp af vandfortrængningsmetoden, forsegl og nedsænk posen i vandbadet. Kog i 1 time. Når timeren er stoppet, fjernes posen og overføres til en skål og serveres.

Herby Mosede Sneærter

Forberedelse + Tilberedningstid: 55 minutter | Portioner: 6

ingredienser

½ kop grøntsagsbouillon

1 pund friske sneærter

Skal af 1 citron

2 spsk hakket frisk basilikum

1 spsk olivenolie

Salt og sort peber efter smag

2 spsk hakket frisk purløg

2 spsk hakket frisk persille

¾ tsk hvidløgspulver

Vejbeskrivelse

Forbered et vandbad og anbring Sous Vide deri. Indstillet til 186 F.

Kombiner ærter, citronskal, basilikum, olivenolie, sort peber, purløg, persille, salt og hvidløgspulver og læg dem i en vakuumlukkelig pose. Slip luft ud ved hjælp af vandfortrængningsmetoden, forsegl og nedsænk posen i vandbadet. Kog i 45 minutter. Når timeren er stoppet, fjernes posen og overføres til en blender og blandes godt.

Salvie ristet kartoffelmos

Forberedelse + Tilberedningstid: 1 time 35 minutter | Portioner: 6

ingredienser

¼ kop smør
12 søde kartofler, skrællede
10 fed hvidløg, hakket
4 tsk salt
6 spsk olivenolie
5 friske salviekviste
1 spsk paprika

Vejbeskrivelse

Forbered et vandbad og anbring Sous Vide deri. Indstillet til 192 F.

Kombiner kartofler, hvidløg, salt, olivenolie og 2 eller 3 timianfjedre og læg dem i en vakuumlukkelig pose. Slip luft ud ved hjælp af vandfortrængningsmetoden, forsegl og nedsænk posen i vandbadet. Kog i 1 time og 15 minutter.

Forvarm ovnen til 450 F. Når timeren er stoppet, skal du fjerne kartoflerne og overføre dem til en skål. Adskil kogesaften.

Kombiner kartoflerne godt med smør og de resterende salviefjedre. Overfør til en bageplade, tidligere beklædt med aluminiumsfolie. Lav et hul i midten af kartoflerne og hæld kogesaften i. Bag kartoflerne i 10 minutter, vend 5 minutter senere. Kassér salvie. Overfør til en tallerken og server drysset med paprika.

Smørede asparges med timian og ost

Forberedelse + Tilberedningstid: 21 minutter | Portioner: 6

ingredienser

¼ kop barberet Pecorino Romano ost

16 oz friske asparges, trimmet

4 spsk smør, i tern

Salt efter smag

1 fed hvidløg, hakket

1 spsk timian

Vejbeskrivelse

Forbered et vandbad og anbring Sous Vide deri. Indstillet til 186 F.

Læg aspargesene i en vakuumlukkelig pose. Tilsæt smørterninger, hvidløg, salt og timian. Slip luft ud ved hjælp af vandfortrængningsmetoden, forsegl og nedsænk posen i vandbadet. Kog i 14 minutter.

Når timeren er stoppet, fjernes posen og aspargesene overføres til en tallerken. Drys med lidt madlavningssaft. Pynt med Pecorino Romano osten.

Velsmagende pastinak med honningglasur

Forberedelse + Tilberedningstid: 1 time 8 minutter | Portioner: 4

ingredienser

1 pund pastinak, skrællet og skåret

3 spsk smør

2 spsk honning

1 tsk olivenolie

Salt og sort peber efter smag

1 spsk hakket frisk persille

Vejbeskrivelse

Forbered et vandbad og anbring Sous Vide deri. Indstillet til 186 F.

Læg pastinak, smør, honning, olivenolie, salt og peber i en vakuumlukkelig pose. Slip luft ud ved hjælp af vandfortrængningsmetoden, forsegl og nedsænk posen i vandbadet. Kog i 1 time.

Varm en stegepande op over medium varme. Når timeren er stoppet, skal du fjerne posen og overføre indholdet til gryden og koge i 2 minutter, indtil væsken bliver en glasur. Tilsæt persillen og bland hurtigt. Tjene.

Fløde af tomater med ostesandwich

Forberedelse + Tilberedningstid: 55 minutter | Portioner: 8)

ingredienser

½ kop flødeost

2 pund tomater, skåret i tern

Salt og sort peber efter smag

2 spsk olivenolie

2 fed hvidløg, hakket

½ tsk hakket frisk salvie

⅛ tsk rød peberflager

½ tsk hvidvinseddike

2 spsk smør

4 skiver brød

2 skiver halloumi ost

Vejbeskrivelse

Forbered et vandbad og anbring Sous Vide deri. Sæt til 186 F. Kom tomaterne i et dørslag over en skål og smag til med salt. Rør grundigt. Lad afkøle i 30 minutter. Kassér safterne. Kombiner olivenolie, hvidløg, salvie, sort peber, salt og peberflager.

Læg i en vakuumforseglbar pose. Slip luft ud ved hjælp af vandfortrængningsmetoden, forsegl og nedsænk posen i vandbadet. Kog i 40 minutter.

Når timeren er stoppet, fjernes posen og overføres til en blender. Tilsæt eddike og flødeost. Bland indtil glat. Overfør til en tallerken og smag til med salt og peber, hvis det er nødvendigt.

For at lave ostebarerne: opvarm en stegepande over medium varme. Smør brødskiverne med smør og kom dem i gryden. Læg osteskiver over brødet og læg over et andet smørbrød. Rist i 1-2 minutter. Gentag med det resterende brød. Skær i tern. Server over den varme suppe.

Ahornroesalat med cashewnødder & Queso Fresco

Forberedelse + Tilberedningstid: 1 time 35 minutter | Portioner: 8)

ingredienser

6 store rødbeder, skrællet og skåret i stykker

Salt og sort peber efter smag

3 spsk ahornsirup

2 spsk smør

Skal af 1 stor appelsin

1 spsk olivenolie

½ tsk cayennepeber

1½ dl cashewnødder

6 kopper rucola

3 mandariner, skrællet og segmenteret

1 kop queso fresco, smuldret

Vejbeskrivelse

Forbered et vandbad og anbring Sous Vide deri. Indstillet til 186 F.

Læg roestykkerne i en vakuumlukkelig pose. Smag til med salt og peber. Tilsæt 2 spsk ahornsirup, smør og appelsinskal. Slip luft ud ved hjælp af vandfortrængningsmetoden, forsegl og nedsænk posen i vandbadet. Kog i 1 time og 15 minutter.

Forvarm ovnen til 350 F.

Bland den resterende ahornsirup, olivenolie, salt og cayennepeber. Tilsæt cashewnødder og rør godt. Overfør cashewblandingen til en bageplade, der tidligere er foret med vokspeber, og bag i 10 minutter. Stil til side og lad køle af.

Når timeren er stoppet, skal du fjerne rødbederne og kassere kogesaften. Kom ruccolaen på en tallerken, rødbeder og mandarinbåde over det hele. Drys med queso fresco og cashewblanding til servering.

Osteagtig paprika med blomkål

Forberedelse + Tilberedningstid: 52 minutter | Portioner: 5

ingredienser

½ kop barberet Provolone ost

1 hoved blomkål, skåret buketter

2 fed hvidløg, hakket

Salt og sort peber efter smag

2 spsk smør

1 spsk olivenolie

½ stor rød peberfrugt, skåret strimler

½ stor gul peberfrugt, skåret i strimler

½ stor orange peberfrugt, skåret i strimler

Vejbeskrivelse

Forbered et vandbad og anbring Sous Vide deri. Indstillet til 186 F.

Bland blomkålsbuketter, 1 fed hvidløg, salt, peber, halvdelen af smør og halvdelen af olivenolie godt sammen.

I en anden skål blandes peberfrugterne, resterende hvidløg, resterende salt, peber, resterende smør og resterende olivenolie.

Læg blomkålen i en vakuumlukkelig pose. Læg peberfrugterne i en anden vakuumlukkelig pose. Slip luft ud ved hjælp af vandfortrængningsmetoden, forsegl og nedsænk poserne i vandbadet. Kog i 40 minutter.

Når timeren er stoppet, skal du fjerne poserne og overføre indholdet til en serveringsskål. Kassér kogesaften. Kombiner grøntsagerne og top med Provolone ost.

Efterår Squash Cremesuppe

Forberedelse + Tilberedningstid: 2 timer 20 minutter | Portioner: 6

ingredienser

¾ kop tung fløde

1 vintersquash, hakket

1 stor pære

½ gult løg i tern

3 friske timiankviste

1 fed hvidløg, hakket

1 tsk stødt spidskommen

Salt og sort peber efter smag

4 spsk creme fraîche

Vejbeskrivelse

Forbered et vandbad og anbring Sous Vide deri. Indstillet til 186 F.

Kombiner squash, pære, løg, timian, hvidløg, spidskommen og salt. Læg i en vakuumforseglbar pose. Slip luft ud ved hjælp af vandfortrængningsmetoden, forsegl og nedsænk i vandbad. Kog i 2 timer.

Når timeren er stoppet, skal du fjerne posen og overføre alt indholdet til en blender. Purér indtil glat. Tilsæt fløde og rør godt. Smag til med salt og peber. Kom blandingen over i serveringsskåle og top med lidt créme fraiche. Pynt med pærestykker.

Selleri & Porre Kartoffelsuppe

Forberedelse + Tilberedningstid: 2 timer 15 minutter | Portioner: 8)

ingredienser

8 spsk smør

4 røde kartofler i skiver

1 gult løg, skåret i ¼-tommers stykker

1 bladselleri, skåret i ½-tommers stykker

4 kopper ½-tommer porrer i tern, kun hvide dele

1 kop grøntsagsfond

1 gulerod, hakket

4 fed hvidløg, hakket

2 laurbærblade

Salt og sort peber efter smag

2 kopper tung fløde

¼ kop hakket frisk purløg

Vejbeskrivelse

Forbered et vandbad og anbring Sous Vide deri. Indstillet til 186 F.

Læg kartofler, gulerødder, løg, selleri, porrer, grøntsagsfond, smør, hvidløg og laurbærblade i en vakuumlukkelig pose. Slip luft ud ved hjælp af vandfortrængningsmetoden, forseg og nedsænk posen i vandbadet. Kog i 2 timer.

Når timeren er stoppet, fjernes posen og overføres til en blender. Kassér laurbærbladene. Bland indholdet og smag til med salt og peber. Hæld fløden langsomt og blend 2-3 minutter, indtil den er glat. Dræn indholdet af og pynt med purløg til servering.

Lemon Collard Greens Salat med Tranebær

Forberedelse + Tilberedningstid: 15 minutter | Portioner: 6

ingredienser

6 kopper frisk collard greens, opstammet
6 spsk olivenolie
2 fed hvidløg, knust
4 spsk citronsaft
½ tsk salt
¾ kop tørrede tranebær

Vejbeskrivelse

Forbered et vandbad og anbring Sous Vide deri. Indstil til 196 F. Kombiner collard greens med 2 spsk olivenolie. Læg den i en vakuumforseglbar pose. Slip luft ud ved hjælp af vandfortrængningsmetoden, forsegl og nedsænk posen i vandbadet. Kog i 8 minutter.

Rør den resterende olivenolie, hvidløg, citronsaft og salt. Når timeren er stoppet, skal du fjerne de grønne collard og overføre dem til en tallerken. Drys med dressingen. Pynt med tranebær.

Citrus majs med tomatsauce

Forberedelse + Tilberedningstid: 55 minutter | Portioner: 8)

ingredienser

⅓ kop olivenolie

4 aks gul majs, afskallet

Salt og sort peber efter smag

1 stor tomat, hakket

3 spsk citronsaft

2 fed hvidløg, hakket

1 serrano peber, frøet

4 spidskål, kun grønne dele, hakket

½ bundt friske korianderblade, hakket

Vejbeskrivelse

Forbered et vandbad og anbring Sous Vide deri. Indstil til 186 F. Pisk majsene med olivenolie og smag til med salt og peber. Læg dem i en vakuumforseglbar pose. Slip luft ud ved hjælp af vandfortrængningsmetoden, forsegl og nedsænk posen i vandbadet. Kog i 45 minutter.

Bland i mellemtiden tomat, citronsaft, hvidløg, serranopeber, spidskål, koriander og den resterende olivenolie godt sammen i en skål. Forvarm en grill ved høj varme.

Når timeren er stoppet, fjernes majsene og overføres til grillen og koges i 2-3 minutter. Lad køle af. Skær kernerne fra kolben og hæld tomatsauce i. Server med fisk, salat eller tortillachips.

Ingefær Tamari rosenkål med sesam

Forberedelse + Tilberedningstid: 43 minutter | Portioner: 6

ingredienser

1½ pund rosenkål, halveret

2 fed hvidløg, hakket

2 spsk vegetabilsk olie

1 spsk tamari sauce

1 tsk revet ingefær

¼ tsk rød peberflager

¼ tsk ristet sesamolie

1 spsk sesamfrø

Vejbeskrivelse

Forbered et vandbad og anbring Sous Vide i det. Indstil til 186 F. Opvarm en gryde over medium varme og kombiner hvidløg, vegetabilsk olie, tamari sauce, ingefær og rød peberflager. Kog i 4-5 minutter. Sæt til side.

Læg rosenkålene i en vakuumlukkelig pose og hæld tamariblandingen i. Slip luft ud ved hjælp af vandfortrængningsmetoden, forsegl og nedsænk posen i vandbadet. Kog i 30 minutter.

Når timeren er stoppet, fjern posen og dup den tør med køkkenrulle. Gem madlavningsjuicerne. Kom spirerne over i en skål og kombiner med sesamolien. Plad spirerne og drys med kogesaft. Pynt med sesamfrø.

Rødbedespinatsalat

Forberedelse + Tilberedningstid: 2 timer 25 minutter | Portioner: 3

Ingredienser:

1 ¼ kop rødbeder, trimmet og skåret i mundrette stykker

1 kop frisk spinat, hakket

2 spsk olivenolie

1 spsk citronsaft, friskpresset

1 tsk balsamicoeddike

2 fed hvidløg, knust

1 spsk smør

Salt og sort peber efter smag

Rutevejledning:

Skyl godt og rens rødbeder. Skær i mundrette stykker og kom i en vakuumlukkelig pose sammen med smør og presset hvidløg. Kog i Sous Vide i 2 timer ved 185 F. Stil til side til afkøling.

Kog en stor gryde vand og kom spinat deri. Kog i et minut, og tag derefter af varmen. Dræn godt af. Overfør til en vakuumforseglbar pose og kog i Sous Vide i 10 minutter ved 180 F. Fjern fra vandbadet og afkøl helt. Læg i en stor skål og tilsæt kogte rødbeder. Smag til med salt, peber, eddike, olivenolie og citronsaft. Server straks.

Hvidløgsgrønt med mynte

Forberedelse + Tilberedningstid: 30 minutter | Portioner: 2

Ingredienser:

½ kop frisk cikorie, revet

½ kop vilde asparges, finthakkede

½ kop mangold, revet

¼ kop frisk myrte, hakket

¼ kop rucola, revet

2 fed hvidløg, hakket

½ tsk salt

4 spsk citronsaft, friskpresset

2 spsk olivenolie

Rutevejledning:

Fyld en stor gryde med saltet vand og tilsæt grønt. Kog i 3 minutter. Fjern og dræn. Klem forsigtigt med hænderne og hak grønt med en skarp kniv. Overfør til en stor vakuumforseglbar pose og kog i Sous Vide i 10 minutter ved 162 F. Fjern fra vandbadet og sæt til side.

Varm olivenolie op over medium varme i en stor stegepande. Tilsæt hvidløg og steg i 1 minut. Rør grønt i og smag til med salt. Drys med frisk citronsaft og server.

Rosenkål i hvidvin

Forberedelse + Tilberedningstid: 35 minutter | Portioner: 4

Ingredienser:

1 pund rosenkål, trimmet

½ kop ekstra jomfru olivenolie

½ kop hvidvin

Salt og sort peber efter smag

2 spsk frisk persille, finthakket

2 fed hvidløg, knust

Rutevejledning:

Læg rosenkål i en stor vakuumforseglbar pose med tre spiseskefulde olivenolie. Kog i Sous Vide i 15 minutter ved 180 F. Fjern fra posen.

Varm den resterende olivenolie op i en stor, non-stick grillpande. Tilsæt rosenkål, presset hvidløg, salt og peber. Grill kort og ryst panden et par gange, indtil den er let forkullet på alle sider. Tilsæt vin og bring det i kog. Rør godt rundt og tag af varmen. Top med finthakket persille og server.

Rødbede- og gedeostsalat

Forberedelse + Tilberedningstid: 2 timer 20 minutter | Portioner: 3

Ingredienser:

1 lb rødbeder, skåret i tern
½ kop mandler, blancherede
2 spsk hasselnødder, flået
2 tsk olivenolie
1 fed hvidløg, finthakket
1 tsk spidskommen pulver
1 tsk citronskal
Salt efter smag
½ kop gedeost, smuldret
Friske mynteblade til pynt

Forbinding:
2 spsk olivenolie
1 spsk æblecidereddike

Rutevejledning:

Lav et vandbad, placer Sous Vide i det, og sæt til 183 F.

Læg rødbederne i en vakuumlukkelig pose. Slip luft ud ved hjælp af vandfortrængningsmetoden, forsegl og nedsænk posen i vandbadet, og indstil timeren til 2 timer. Når timeren er stoppet, fjernes og lukkes posen. Læg rødbederne til side.

Sæt en pande over middel varme, tilsæt mandler og hasselnødder, og rist i 3 minutter. Overfør til et skærebræt og hak. Tilsæt olie i samme gryde, læg hvidløg og spidskommen. Kog i 30 sekunder. Sluk for varmen. Tilsæt gedeost, mandelblanding, citronskal og hvidløgsblanding i en skål. Blande. Pisk olivenolie og eddike og stil til side. Server som tilbehør.

Blomkålsbroccolisuppe

Forberedelse + Tilberedningstid: 70 minutter | Portioner: 2

Ingredienser:

1 mellemstor blomkål, skåret i små buketter
½ lb broccoli, skåret i små buketter
1 grøn peberfrugt, hakket
1 løg, i tern
1 tsk olivenolie
1 fed hvidløg, knust
½ kop grøntsagsfond
½ kop skummetmælk

Rutevejledning:

Lav et vandbad, placer Sous Vide i det, og sæt det til 185 F.

Læg blomkål, broccoli, peberfrugt og hvidløg i en vakuumlukkelig pose, og hæld olivenolie i den. Slip luft ud ved hjælp af vandfortrængningsmetoden og forsegl posen. Dyp posen ned i vandbadet. Indstil timeren til 50 minutter og kog.

Når timeren er stoppet, skal du fjerne posen og lukke forseglingen. Overfør grøntsagerne til en blender, tilsæt hvidløg og mælk, og purér til en jævn masse.

Stil en pande over middel varme, tilsæt grøntsagsmos og grøntsagsfond og lad det simre i 3 minutter. Smag til med salt og peber. Serveres lun som tilbehør.

Smørede ærter med mynte

Forberedelse + Tilberedningstid: 25 minutter | Portioner: 2

Ingredienser:

1 spsk smør

½ kop sneærter

1 spsk mynteblade, hakket

En knivspids salt

Sukker efter smag

Rutevejledning:

Lav et vandbad, anbring Sous Vide i det, og sæt til 183 F. Placer alle ingredienserne i en vakuumforseglbar pose. Slip luft ud ved hjælp af vandfortrængningsmetoden, forsegl og nedsænk i badet. Kog i 15 minutter.

Når timeren er stoppet, fjernes og lukkes posen. Overfør ingredienserne til en serveringsfad. Server som krydderi.

Rosenkål i sød sirup

Forberedelse + Tilberedningstid: 75 minutter | Portioner: 3

Ingredienser:

4 lb rosenkål, halveret

3 spsk olivenolie

¾ kop fiskesauce

3 spsk vand

2 spsk sukker

1½ spsk riseddike

2 tsk limesaft

3 røde chili, skåret i tynde skiver

2 fed hvidløg, hakket

Rutevejledning:

Lav et vandbad, anbring Sous Vide i det, og sæt til 183 F. Hæld rosenkål, salt og olie i en vakuumforseglbar pose, frigiv luft ved hjælp af vandfortrængningsmetoden, forsegl og nedsænk posen i vandbadet. Indstil timeren til 50 minutter.

Når timeren er stoppet, fjern posen, luk forseglingen og overfør rosenkålen til en folieret bageplade. Forvarm en slagtekylling til høj, læg bagepladen i den, og steg i 6 minutter. Hæld rosenkålene i en skål.

Lav saucen: Tilsæt de resterende angivne ingredienser i en skål og rør rundt. Tilsæt saucen til rosenkålen og vend jævnt rundt. Server som tilbehør.

Radise med urteost

Forberedelse + Tilberedningstid: 1 time 15 minutter | Portioner: 3

Ingredienser:

10 oz gedeost

4 oz flødeost

¼ kop rød peberfrugt, hakket

3 spsk pesto

3 tsk citronsaft

2 spsk persille

2 fed hvidløg

9 store radiser, skåret i skiver.

Rutevejledning:

Lav et vandbad, læg Sous Vide i det, og sæt til 181 F. Placer radiseskiverne i en vakuumforseglbar pose, slip luft ud og forsegl den. Dyp posen ned i vandbadet og indstil timeren til 1 time.

Bland de resterende angivne ingredienser i en skål og hæld blandingen i en sprøjtepose. Sæt til side. Når timeren er stoppet, skal du fjerne posen og lukke forseglingen. Anret radiseskiverne på et serveringsfad og rør osteblandingen på hver skive. Server som snack.

Balsamico braiseret kål

Forberedelse + Tilberedningstid: 1 time 45 minutter | Portioner: 3

Ingredienser:

1 lb rødkål, delt i kvarte og kernehuset fjernet
1 skalotteløg, skåret i tynde skiver
2 fed hvidløg, skåret i tynde skiver
½ spsk balsamicoeddike
½ spsk usaltet smør
Salt efter smag

Rutevejledning:

Lav et vandbad, læg Sous Vide i det, og sæt det til 185 F. Fordel kål og de resterende ingredienser i 2 vakuumlukkelige poser. Slip luft ud ved hjælp af vandfortrængningsmetoden og forsegl poserne. Nedsænk dem i vandbadet og indstil timeren til at koge i 1 time og 30 minutter.

Når timeren er stoppet, skal du fjerne og lukke poserne ud. Overfør kålen med saft til serveringsfade. Smag til med salt og eddike efter smag. Server som tilbehør.

Pocherede tomater

Forberedelse + Tilberedningstid: 45 minutter | Portioner: 3

Ingredienser:

4 kopper cherrytomater

5 spsk olivenolie

½ spsk friske rosmarinblade, hakket

½ spsk friske timianblade, hakket

Salt og sort peber efter smag

Rutevejledning:

Lav et vandbad, læg Sous Vide i det, og sæt til 131 F. Fordel de anførte ingredienser i 2 vakuumlukkelige poser, krydr med salt og peber. Slip luft ud ved hjælp af vandfortrængningsmetoden og forsegl poserne. Nedsænk dem i vandbadet og indstil timeren til at koge i 30 minutter.

Når timeren er stoppet, skal du fjerne poserne og lukke forseglingen. Overfør tomaterne med saften i en skål. Server som tilbehør.

Ratatouille

Forberedelse + Tilberedningstid: 2 timer 10 minutter | Portioner: 3

Ingredienser:

2 zucchinier, skåret i skiver
2 tomater, hakkede
2 røde paprika, frøet og skåret i 2-tommers terninger
1 lille aubergine, skåret i skiver
1 løg, skåret i 1-tommers terninger
Salt efter smag
½ rød peberflager
8 fed hvidløg, knust
2½ spsk olivenolie
5 kviste + 2 kviste basilikumblade

Rutevejledning:

Lav et vandbad, anbring Sous Vide i det, og sæt til 185 F. Placer tomater, zucchini, løg, peberfrugt og aubergine hver i 5 separate vakuum-lukkelige poser. Kom hvidløg, basilikumblade og 1 spsk olivenolie i hver pose. Slip luft ud ved hjælp af vandfortrængningsmetoden, forsegl og nedsænk poserne i vandbadet, og indstil timeren til 20 minutter.

Når timeren er stoppet, fjern posen med tomaterne. Sæt til side. Nulstil timeren i 30 minutter. Når timeren er stoppet, fjern poserne med zucchini og rød peberfrugt. Sæt til side. Nulstil timeren til 1 time.

Når timeren er stoppet, fjern de resterende poser og kasser hvidløg og basilikumblade. Tilsæt tomater i en skål og brug en ske til at mose dem let. Hak de resterende grøntsager og tilsæt tomaterne. Smag til med salt, rød peberflager, resterende olivenolie og basilikum. Server som tilbehør.

Tomatsuppe

Forberedelse + Tilberedningstid: 60 minutter | Portioner: 3

Ingredienser:

2 lb tomater, halveret

1 løg, i tern

1 stangselleri, hakket

3 spsk olivenolie

1 spsk tomatpuré

En knivspids sukker

1 laurbærblad

Rutevejledning:

Lav et vandbad, anbring Sous Vide i det, og sæt til 185 F. Anbring alle de nævnte ingredienser undtagen salt i skålen og vend. Læg dem i en vakuumforseglbar pose. Slip luft ud ved hjælp af vandfortrængningsmetoden, forsegl og nedsænk posen i vandbadet. Indstil timeren til 40 minutter.

Når timeren er stoppet, skal du fjerne posen og lukke forseglingen. Purér ingredienserne med en blender. Hæld den blendede tomat i en gryde og sæt den over medium varme. Smag til med salt og kog i 10 minutter. Anret suppen i skåle og afkøl. Serveres lun med en side af low-carb brød.

Braiseret rødbeder

Forberedelse + Tilberedningstid: 1 time 15 minutter | Portioner: 3

Ingredienser:

2 rødbeder, skrællet og skåret i 1 cm tommer
⅓ kop balsamicoeddike
½ tsk olivenolie
⅓ kop ristede valnødder
⅓ kop Grana Padano ost, revet
Salt og sort peber efter smag

Rutevejledning:

Lav et vandbad, anbring Sous Vide i det, og sæt til 183 F. Placer rødbederne, eddike og salt i en vakuumforseglende pose. Slip luft ud ved hjælp af vandfortrængningsmetoden, forsegl og nedsænk posen i vandbadet. Indstil timeren til 1 time.

Når timeren er stoppet, fjernes og lukkes posen. Overfør rødbederne til en skål, tilsæt olivenolie og vend. Drys valnødder og ost over. Server som tilbehør.

Aubergine Lasagne

Forberedelse + Tilberedningstid: 3 timer | Portioner: 3

Ingredienser:

1 lb auberginer, skrællet og skåret i tynde skiver

1 tsk salt

1 kop tomatsauce, delt i 3

2 oz frisk mozzarella, skåret i tynde skiver

1 oz parmesanost, revet

2 oz italiensk blanding ost, revet

3 spsk frisk basilikum, hakket

Topping:

½ spsk macadamianødder, ristet og hakket

1 oz parmesanost, revet

1 oz italiensk blanding ost, revet

Rutevejledning:

Lav et vandbad, læg Sous Vide i det, og sæt til 183 F. Krydr auberginer med salt. Læg en vakuum-forseglbar pose på siden, lav et lag af halvdelen af auberginen, fordel en portion tomatsauce, lag mozzarella, derefter parmesan, derefter osteblanding og derefter basilikum. Top med den anden portion tomatsauce.

Forsegl posen omhyggeligt ved hjælp af vandfortrængningsmetoden, og hold den flad som muligt. Dyp posen fladt ned i vandbadet. Indstil timeren til 2 timer og kog. Slip luft 2 til 3 gange inden for de første 30 minutter, da aubergine frigiver gas, mens den koger.

Når timeren er stoppet, skal du fjerne posen forsigtigt og stikke i det ene hjørne af posen med en nål for at frigøre væske fra posen. Læg posen fladt på et serveringsfad, skær toppen af den op og skub forsigtigt lasagnen over på tallerkenen. Top med den resterende tomatsauce, macadamianødder, osteblanding og parmesanost. Smelt og brun osten med en brænder.

Svampesuppe

Forberedelse + Tilberedningstid: 50 minutter | Portioner: 3

Ingredienser:

1 lb blandede svampe

2 løg, i tern

3 fed hvidløg

2 kviste persilleblade, hakket

2 spsk timianpulver

2 spsk olivenolie

2 kopper fløde

2 dl grøntsagsfond

Rutevejledning:

Lav et vandbad, læg Sous Vide i det, og sæt til 185 F. Placer svampe, løg og selleri i en vakuumforseglende pose. Slip luft ud ved hjælp af vandfortrængningsmetoden, forsegl og nedsænk posen i vandbadet. Indstil timeren til 30 minutter. Når timeren er stoppet, fjernes og lukkes posen.

Blend ingredienserne fra posen i en blender. Sæt en pande over medium varme, tilsæt olivenolie. Når det begynder at varme, tilsættes mosede svampe og de resterende ingredienser, undtagen fløden. Kog i 10 minutter. Sluk for varmen og tilsæt fløde. Rør godt rundt og server.

Vegetarisk parmesanost

Forberedelse + Tilberedningstid: 65 minutter | Portioner: 5

Ingredienser:

2 kopper Arborio ris

½ kop almindelig hvid ris

1 kop grøntsagsfond

1 kop vand

6-8 ounce parmesanost, revet

1 løg, hakket

1 spsk smør

Salt og sort peber efter smag

Rutevejledning:

Forbered et vandbad og anbring Sous Vide i det. Indstil til 185 F. Smelt smørret i en gryde over medium varme. Tilsæt løg, ris og krydderier og steg et par minutter. Overfør til en vakuumforseglbar pose. Slip luft ud ved hjælp af vandfortrængningsmetoden, forsegl og nedsænk posen i vandbad. Indstil timeren til 50 minutter. Når timeren er stoppet, fjern posen og rør parmesanosten i.

Grøn suppe

Forberedelse + Tilberedningstid: 55 minutter | Portioner: 3

Ingredienser:

4 kopper grøntsagsfond

1 spsk olivenolie

1 fed hvidløg, knust

1-tommer ingefær, skåret i skiver

1 tsk korianderpulver

1 stor zucchini i tern

3 kopper grønkål

2 kopper broccoli, skåret i buketter

1 lime, saftet og skrællet

Rutevejledning:

Lav et vandbad, læg Sous Vide i det og sæt til 185 F. Læg broccoli, zucchini, grønkål og persille i en vakuumforseglende pose. Slip luft ud ved hjælp af vandfortrængningsmetoden, forsegl og nedsænk posen i vandbadet. Indstil timeren til 30 minutter.

Når timeren er stoppet, fjernes og lukkes posen. Tilsæt de dampede ingredienser til en blender med hvidløg og ingefær. Purér for at glatte. Hæld den grønne puré i en gryde og tilsæt de resterende listede ingredienser. Sæt gryden over middel varme og lad det simre i 10 minutter. Server som en let ret.

Blandet grøntsagssuppe

Forberedelse + Tilberedningstid: 55 minutter | Portioner: 3

Ingredienser:

1 sødt løg, skåret i skiver

1 tsk hvidløgspulver

2 kopper zucchini, skåret i små tern

3 oz parmesan skal

2 kopper babyspinat

2 spsk olivenolie

1 tsk rød peberflager

2 dl grøntsagsfond

1 kvist rosmarin

Salt efter smag

Rutevejledning:

Lav et vandbad, læg Sous Vide i det, og sæt til 185 F. Vend alle ingredienserne med olivenolie undtagen hvidløg og salt, og læg dem i en vakuumforseglende pose. Slip luft ud ved hjælp af vandfortrængningsmetoden, forsegl og nedsænk posen i vandbadet. Indstil timeren til 30 minutter.

Når timeren er stoppet, fjernes og lukkes posen. Kassér rosmarinen. Hæld de resterende ingredienser i en gryde og tilsæt salt og hvidløgspulver. Sæt gryden over middel varme og lad det simre i 10 minutter. Server som en let ret.

Røget Paprika Veggie Wontons

Forberedelse + Tilberedningstid: 5 timer 15 minutter | Portioner: 9)

Ingredienser:

10 ounce wonton wraps

10 ounce grøntsager efter valg, revet

2 æg

1 tsk olivenolie

½ tsk chilipulver

½ tsk røget paprika

½ tsk hvidløgspulver

Salt og sort peber efter smag

Rutevejledning:

Forbered et vandbad og anbring Sous Vide deri. Indstil til 165 F.

Pisk æggene sammen med krydderierne. Rør grøntsagerne og olien i. Hæld blandingen i en vakuumforseglbar pose. Slip luft ved hjælp af vandfortrængningsmetoden, forsegl og nedsænk posen i vandbad. Indstil timeren til 5 timer.

Når timeren er stoppet, fjernes posen og overføres til en skål. Fordel blandingen mellem raviolierne, pakk ind og klem kanterne sammen for at forsegle. Kog i kogende vand i 4 minutter ved middel varme.

Quinoa & Selleri Miso-skål

Forberedelse + Tilberedningstid: 2 timer 25 minutter | Portioner: 6

ingredienser

1 knoldselleri, hakket

1 spsk misopasta

6 fed hvidløg

5 kviste timian

1 tsk løgpulver

3 spsk ricottaost

1 spsk sennepsfrø

Saft af ¼ en stor citron

5 cherrytomater groft skåret

Hakket persille

8 ounce vegansk smør

8 ounce kogt quinoa

Vejbeskrivelse

Forbered et vandbad og anbring Sous Vide deri. Indstillet til 186 F.

Varm imens en stegepande op over middel varme og tilsæt hvidløg, timian, sennepsfrø. Kog i cirka 2 minutter. Tilsæt smør og rør, indtil det er brunet. Bland med løgpulver og sæt til side. Lad afkøle ved stuetemperatur. Læg knoldsellerien i en vakuumlukkelig pose. Slip luft ud ved hjælp af vandfortrængningsmetoden, forsegl og nedsænk posen i vandbadet. Kog i 2 timer.

Når timeren er stoppet, fjernes posen og overføres til en stegepande og røres, indtil den er gyldenbrun. Smag til med miso. Sæt til side. Varm en pande op over middel varme, tilsæt tomater, sennep og quinoa. Bland med citronsaft og persille. Server ved at blande knoldselleri og tomatblanding.

Radise & basilikumsalat

Forberedelse + Tilberedningstid: 50 minutter | Portioner: 2

Ingredienser:

20 små radiser, trimmet
1 spsk hvidvinseddike
¼ kop hakket basilikum
½ kop fetaost
1 tsk sukker
1 spsk vand
¼ tsk salt

Rutevejledning:

Forbered et vandbad og anbring Sous Vide deri. Indstil til 200 F. Placer radiserne i en stor vakuumforseglende pose og tilsæt eddike, sukker, salt og vand. Ryst for at kombinere. Slip luft ud ved hjælp af vandfortrængningsmetoden, forsegl og nedsænk i vandbad. Kog i 30 minutter. Når timeren er stoppet, fjern posen og lad den køle af i et isbad. Serveres varm. Serveres med basilikum og feta.

Peberblanding

Forberedelse + Tilberedningstid: 35 minutter | Portioner: 2

Ingredienser:

1 rød peberfrugt, hakket
1 gul peberfrugt, hakket
1 grøn peberfrugt, hakket
1 stor orange peberfrugt, hakket
Salt efter smag

Rutevejledning:

Lav et vandbad, læg Sous Vide i det og sæt til 183 F. Placer alle peberfrugterne med salt i en vakuumforseglende pose. Slip luft ud ved hjælp af vandfortrængningsmetoden, forsegl og nedsænk i vandbadet. Indstil timeren til 15 minutter. Når timeren er stoppet, fjernes og lukkes posen. Server peberfrugt med dens saft som tilbehør.

Cilantro Gurkemeje Quinoa

Forberedelse + Tilberedningstid: 105 minutter | Portioner: 6

Ingredienser:

3 kopper quinoa

2 kopper tung fløde

½ kop vand

3 spsk korianderblade

2 tsk gurkemejepulver

1 spsk smør

½ spsk salt

Rutevejledning:

Forbered et vandbad og anbring Sous Vide deri. Indstil til 180 F.

Læg alle ingredienserne i en vakuumlukkelig pose. Rør for at kombinere godt. Slip luft ud ved hjælp af vandfortrængningsmetoden, forsegl og nedsænk posen i vandbad. Indstil timeren til 90 minutter. Når timeren er stoppet, skal du fjerne posen. Serveres varm.

Oregano White Bean s

Forberedelse + Tilberedningstid: 5 timer 15 minutter | Portioner: 8

Ingredienser:

12 ounce hvide bønner

1 kop tomatpure

8 ounce grøntsagsfond

1 spsk sukker

3 spsk smør

1 kop hakkede løg

1 peberfrugt, hakket

1 spsk oregano

2 tsk paprika

Rutevejledning:

Forbered et vandbad og anbring Sous Vide deri. Indstillet til 185 F.

Bland alle ingredienserne i en vakuumforseglbar pose. Rør for at kombinere. Slip luft ud ved hjælp af vandfortrængningsmetoden, forsegl og nedsænk posen i vandbad. Indstil timeren til 5 timer. Når timeren er stoppet, skal du fjerne posen. Serveres varm.

Kartoffel & daddelsalat

Forberedelse + Tilberedningstid: 3 timer 15 minutter | Portioner: 6

Ingredienser:

2 pund kartofler i tern
5 ounce dadler, hakket
½ kop smuldret gedeost
1 tsk oregano
1 spsk olivenolie
1 spsk citronsaft
3 spsk smør
1 tsk koriander
1 tsk salt
1 spsk hakket persille
¼ tsk hvidløgspulver

Rutevejledning:

Forbered et vandbad og anbring Sous Vide deri. Indstillet til 190 F.

Læg kartofler, smør, dadler, oregano, koriander og salt i en vakuumlukkelig pose. Slip luft ud ved hjælp af vandfortrængningsmetoden, forsegl og nedsænk posen i vandbad. Indstil timeren til 3 timer.

Når timeren er stoppet, fjernes posen og overføres til en skål. Pisk olivenolie, citronsaft, persille og hvidløgspulver sammen og dryp over salaten. Hvis du bruger ost, drys den over.

Paprikagryn

Forberedelse + Tilberedningstid: 3 timer 10 minutter | Portioner: 4

Ingredienser:

10 ounce gryn
4 spsk smør
1½ tsk paprika
10 ounce vand
½ tsk hvidløgssalt

Rutevejledning:

Forbered et vandbad og anbring Sous Vide deri. Indstil til 180 F.

Læg alle ingredienserne i en vakuumlukkelig pose. Rør med ske for at blande godt. Slip luft ud ved hjælp af vandfortrængningsmetoden, forsegl og nedsænk posen i vandbad. Indstil timeren til 3 timer. Når timeren er stoppet, skal du fjerne posen. Fordel mellem 4 serveringsskåle.

Drue grøntsagsblanding

Forberedelse + kogetid 105 minutter | Portioner: 9)

Ingredienser:

8 søde kartofler i skiver

2 rødløg, skåret i skiver

4 ounce tomat, pureret

1 tsk hakket hvidløg

Salt og sort peber efter smag

1 tsk druesaft

Rutevejledning:

Forbered et vandbad og anbring Sous Vide i det. Indstil til 183 F. Anbring alle ingredienserne med ¼ kop vand i en vakuumforseglbar pose. Slip luft ud ved hjælp af vandfortrængningsmetoden, forsegl og nedsænk posen i vandbad. Indstil timeren til 90 minutter. Når timeren er stoppet, skal du fjerne posen. Serveres varm.

Minty kikærte- og svampeskål

Forberedelse + Tilberedningstid: 4 timer 15 minutter | Portioner: 8

Ingredienser:

9 ounce svampe

3 kopper grøntsagsbouillon

1 pund kikærter, udblødt natten over og drænet

1 tsk smør

1 tsk paprika

1 spsk sennep

2 spsk tomatjuice

1 tsk salt

¼ kop hakket mynte

1 spsk olivenolie

Rutevejledning:

Forbered et vandbad og anbring Sous Vide deri. Indstil til 195 F. Placer bouillon og kikærter i en vakuumforseglende pose. Slip luft ud ved hjælp af vandfortrængningsmetoden, forsegl og nedsænk posen i vandbad. Indstil timeren til 4 timer.

Når timeren er stoppet, skal du fjerne posen. Varm olie op i en pande ved middel varme. Tilsæt svampe, tomatsaft, paprika, salt og sennep. Kog i 4 minutter. Dræn kikærterne og kom dem i gryden. Kog i yderligere 4 minutter. Rør smør og mynte i.

Grøntsags Caponata

Forberedelse + Tilberedningstid: 2 timer 15 minutter | Portioner: 4

Ingredienser:

4 dåse blommetomater, knuste
2 peberfrugter, skåret i skiver
2 zucchinier, skåret i skiver
½ løg, skåret i skiver
2 auberginer, skåret i skiver
6 fed hvidløg, hakket
2 spsk olivenolie
6 basilikumblade
Salt og sort peber efter smag

Rutevejledning:

Forbered et vandbad og anbring Sous Vide deri. Indstil til 185 F. Kombiner alle ingredienserne i en vakuumforseglbar pose. Slip luft ud ved hjælp af vandfortrængningsmetoden, forsegl og nedsænk posen i vandbad. Indstil timeren til 2 timer. Når timeren er stoppet, overføres til et serveringsfad.

Braiseret Chard med Lime

Forberedelse + Tilberedningstid: 25 minutter | Portioner: 2

2 pund chard

4 spsk ekstra jomfru olivenolie

2 fed hvidløg, knust

1 hel lime, presset

2 tsk havsalt

Rutevejledning:

Skyl mangold grundigt og afdryp i et dørslag. Brug en skarp skærekniv groft hak og overfør til en stor skål. Rør 4 spiseskefulde olivenolie, knust hvidløg, limesaft og havsalt i. Overfør til en stor vakuumforseglbar pose og forsegl. Kog en sous vide i 10 minutter ved 180 F.

Root Veggie Mash

Forberedelse + Tilberedningstid: 3 timer 15 minutter | Portioner: 4

Ingredienser:

2 pastinakker, pillede og hakkede
1 majroe, skrællet og hakket
1 stor søde kartofler, skrællet og hakket
1 spsk smør
Salt og sort peber efter smag
Knip muskatnød
¼ tsk timian

Rutevejledning:

Forbered et vandbad og anbring Sous Vide i det. Indstil til 185 F. Læg grøntsagerne i en vakuumforseglbar pose. Slip luft ud ved hjælp af vandfortrængningsmetoden, forsegl og nedsænk i vandbad. Kog i 3 timer. Når du er færdig, fjern posen og mos grøntsagerne med en kartoffelmoser. Rør de resterende ingredienser i.

Kål og peber i tomatsauce

Forberedelse + Tilberedningstid: 4 timer 45 minutter | Portioner: 6

Ingredienser:

2 pund kål, skåret i skiver

1 kop skåret peberfrugt

1 kop tomatpure

2 løg, skåret i skiver

1 spsk sukker

Salt og sort peber efter smag

1 spsk koriander

1 spsk olivenolie

Rutevejledning:

Forbered et vandbad og anbring Sous Vide deri. Indstil til 184 F.

Læg kål og løg i en vakuumlukkelig pose og smag til med krydderierne. Tilsæt tomatpure og rør det godt sammen. Slip luft ud ved hjælp af vandfortrængningsmetoden, forsegl og nedsænk posen i vandbad. Indstil timeren til 4 timer og 30 minutter. Når timeren er stoppet, skal du fjerne posen.

Senneps- og tomatret

Forberedelse + Tilberedningstid: 105 minutter | Portioner: 8

Ingredienser:

2 kopper linser

1 dåse hakkede tomater, udrænede

1 kop grønne ærter

3 kopper grøntsagsfond

3 kopper vand

1 løg, hakket

1 gulerod, skåret i skiver

1 spsk smør

2 spsk sennep

1 tsk rød peberflager

2 spsk limesaft

Salt og sort peber efter smag

Rutevejledning:

Forbered et vandbad og anbring Sous Vide i det. Indstil til 192 F. Placer alle ingredienserne i en stor vakuumforseglbar pose. Slip luft ud ved hjælp af vandfortrængningsmetoden, forsegl og nedsænk i badet. Kog i 90 minutter. Når timeren er stoppet, fjernes posen og overføres til en stor skål og røres inden servering.

Bell Peber Ris Pilaf med rosiner

Forberedelse + Tilberedningstid: 3 timer 10 minutter | Portioner: 6

Ingredienser:

2 kopper hvide ris

2 kopper grøntsagsfond

⅔ kop vand

3 spsk rosiner, hakkede

2 spsk creme fraiche

½ kop hakket rødløg

1 peberfrugt, hakket

Salt og sort peber efter smag

1 tsk timian

Rutevejledning:

Forbered et vandbad og anbring Sous Vide deri. Indstil til 180 F.

Læg alle ingredienserne i en vakuumlukkelig pose. Rør for at kombinere godt. Slip luft ud ved hjælp af vandfortrængningsmetoden, forsegl og nedsænk posen i vandbad. Indstil timeren til 3 timer. Når timeren er stoppet, skal du fjerne posen. Serveres varm.

Yoghurt kommensuppe

Forberedelse + Tilberedningstid: 2 timer 20 minutter | Portioner: 4

ingredienser

1 spsk olivenolie

1½ tsk kommenfrø

1 mellemstor løg, skåret i tern

1 porre, halveret og skåret i tynde skiver

Salt efter smag

2 pund gulerødder, hakket

1 laurbærblad

3 kopper grøntsagsbouillon

½ kop sødmælksyoghurt

æble cider eddike

Friske dildblade

Vejbeskrivelse

Forbered et vandbad og anbring Sous Vide deri. Indstil til 186 F. Varm olivenolie i en stor stegepande over medium varme og tilsæt kommen. Rist dem i 1 minut. Tilsæt løg, salt og porre, sauter i 5-7 minutter eller indtil de er møre. Kom løg, laurbærblad, gulerødder og 1/2 spsk salt i en stor skål.

Fordel blandingen i en vakuumforseglbar pose. Slip luft ud ved hjælp af vandfortrængningsmetoden, forsegl og nedsænk posen i vandbadet. Kog i 2 timer.

Når timeren er stoppet, fjern posen og hæld den i en skål. Tilsæt grøntsagsbouillon og blend. Rør yoghurt i. Smag suppen til med lidt salt og eddike og server pyntede dildblade.

Smøragtig sommersquash

Forberedelse + Tilberedningstid: 1 time 35 minutter | Portioner: 4

ingredienser

2 spsk smør

¾ kop løg, hakket

1½ pund sommersquash, skåret i skiver

Salt og sort peber efter smag

½ kop sødmælk

2 store hele æg

½ kop smuldrede almindelige kartoffelchips

Vejbeskrivelse

Forbered et vandbad og anbring Sous Vide deri. Indstil til 175 F

Smør imens et par glas. Varm en stor stegepande op over middel varme og smelt smørret. Tilsæt løg og svits i 7 minutter. Tilsæt squashen, smag til med salt og peber og svits i 10 minutter. Fordel blandingen i glassene. Lad det køle af og sæt til side.

Pisk mælk, salt og æg i en skål. Smag til med peber. Hæld blandingen over glassene, forsegl og nedsænk glassene i vandbadet. Kog i 60 minutter. Når timeren er stoppet, fjern glassene og lad dem køle af i 5 minutter. Server over kartoffelchips.

Karry ingefær & nektarinchutney

Forberedelse + Tilberedningstid: 60 minutter | Portioner: 3

ingredienser

½ kop granuleret sukker

½ kop vand

¼ kop hvidvinseddike

1 fed hvidløg, hakket

¼ kop hvidløg, finthakket

Saft af 1 lime

2 tsk revet frisk ingefær

2 tsk karrypulver

En knivspids rød peberflager

Salt og sort peber efter smag

Peberflager efter smag

4 store stykker nektarin, skåret i tern

¼ kop hakket frisk basilikum

Vejbeskrivelse

Forbered et vandbad og anbring Sous Vide deri. Indstil til 168 F.

Varm en gryde op over middel varme og kom vand, sukker, hvidvinseddike og hvidløg sammen. Flyt indtil sukkeret er blødt.

Tilsæt limesaft, løg, karrypulver, ingefær og rød peberflager. Smag til med salt og sort peber. Rør grundigt. Læg blandingen i en vakuumforseglbar pose. Slip luft ud ved hjælp af vandfortrængningsmetoden, forsegl og nedsænk posen i vandbadet. Kog i 40 minutter.

Når timeren er stoppet, fjern posen og læg den i isbad. Overfør maden på et serveringsfad. Pynt med basilikum.

Rosmarin rødbrune kartofler Confit

Forberedelse + Tilberedningstid: 1 time 15 minutter | Portioner: 4

ingredienser

1 pund brune rødbrune kartofler, hakket

Salt efter smag

¼ tsk kværnet hvid peber

1 tsk hakket frisk rosmarin

2 spsk hel smør

1 spsk majsolie

Vejbeskrivelse

Forbered et vandbad og anbring Sous Vide i det. Sæt til 192 F. Krydr kartofler med rosmarin, salt og peber. Kombiner kartoflerne med smør og olie. Læg i en vakuumforseglbar pose. Slip luft ud ved hjælp af vandfortrængningsmetoden, forsegl og nedsænk posen i vandbadet. Kog i 60 minutter. Når timeren er stoppet, fjernes posen og overføres til en stor skål. Pynt med smør og server.

Karrypærer og kokoscreme

Forberedelse + Tilberedningstid: 1 time 10 minutter | Portioner: 4

ingredienser

2 pærer, udkernede, skrællede og skåret i skiver
1 spsk karrypulver
2 spsk kokoscreme

Vejbeskrivelse

Forbered et vandbad og anbring Sous Vide deri. Indstillet til 186 F.

Bland alle ingredienserne og kom dem i en vakuumforseglende pose. Slip luft ud ved hjælp af vandfortrængningsmetoden, forsegl og nedsænk posen i vandbadet. Kog i 60 minutter. Når timeren er stoppet, fjernes posen og overføres til en stor skål. Fordel i serveringsfade og server.

Blød broccoli puré

Forberedelse + Tilberedningstid: 2 timer 15 minutter | Portioner: 4

ingredienser

1 hoved broccoli, skåret i buketter
½ tsk hvidløgspulver
Salt efter smag
1 spsk smør
1 spsk kraftig piskefløde

Vejbeskrivelse

Forbered et vandbad og anbring Sous Vide deri. Indstil til 183 F. Kombiner broccoli, salt, hvidløgspulver og tung fløde. Læg i en vakuumforseglbar pose. Slip luft ud ved hjælp af vandfortrængningsmetoden, forsegl og nedsænk posen i vandbadet. Kog i 2 timer.

Når timeren er stoppet, fjernes posen og overføres til en blender for at pulsere. Smag til og server.

Lækker chutney af dadler og mango

Forberedelse + Tilberedningstid: 1 time 45 minutter | Portioner: 4

ingredienser

2 pund mango, hakket

1 lille løg i tern

½ kop lys brun farin

¼ kop dadler

2 spsk æblecidereddike

2 spsk friskpresset citronsaft

1½ tsk gule sennepsfrø

1½ tsk korianderfrø

Salt efter smag

¼ tsk karrypulver

¼ tsk tørret gurkemeje

⅛ tsk cayennepepper

Vejbeskrivelse

Forbered et vandbad og anbring Sous Vide deri. Indstillet til 183 F.

Bland alle ingredienserne. Læg i en vakuumforseglbar pose. Slip luft ud ved hjælp af vandfortrængningsmetoden, forsegl og nedsænk posen i vandbadet. Kog i 90 minutter. Når timeren er stoppet, fjernes posen og hældes i en gryde.

Mandarin & grønne bønnesalat med valnødder

Forberedelse + Tilberedningstid: 1 time 10 minutter | Portioner: 8)

ingredienser

2 pund grønne bønner, trimmet
2 mandariner
2 spsk smør
Salt efter smag
2 oz valnødder

Vejbeskrivelse

Forbered et vandbad og anbring Sous Vide deri. Indstil til 186 F. Kombiner de grønne bønner, salt og smør. Læg i en vakuumforseglbar pose. Tilsæt mandarinskal og saft. Slip luft ud ved hjælp af vandfortrængningsmetoden, forsegl og nedsænk posen i vandbadet. Kog i 1 time. Når timeren er stoppet, fjernes posen og overføres til et serveringsfad. Top med mandarinskal og valnødder.

Grøn Ærtecreme med Muskatnød

Forberedelse + Tilberedningstid: 1 time 10 minutter | Portioner: 8)

ingredienser

1 pund friske grønne ærter
1 kop piskefløde
¼ kop smør
1 spsk majsstivelse
¼ tsk stødt muskatnød
4 nelliker
2 laurbærblade
Sort peber efter smag

Vejbeskrivelse

Forbered et vandbad og anbring Sous Vide deri. Indstil til 184 F. Kombiner majsstivelse, muskatnød og fløde i en skål. Pisk indtil majsstivelsen er blød.

Læg blandingen i en vakuumforseglbar pose. Slip luft ud ved hjælp af vandfortrængningsmetoden, forsegl og nedsænk posen i vandbadet. Kog i 1 time. Når timeren er stoppet, tag posen ud og fjern laurbærbladet. Tjene.

Nem broccoli puré

Forberedelse + Tilberedningstid: 60 minutter | Portioner: 4

ingredienser

1 hoved broccoli
1 kop grøntsagsfond
3 spsk smør
Salt efter smag

Vejbeskrivelse

Forbered et vandbad og anbring Sous Vide deri. Indstillet til 186 F.

Bland broccoli, smør og grøntsagsfond. Læg i en vakuumforseglbar pose. Slip luft ud ved hjælp af vandfortrængningsmetoden, forsegl og nedsænk posen i vandbadet. Kog i 45 minutter.

Når timeren er stoppet, skal du fjerne posen og tømme den. Gem madlavningsjuicerne. Kom broccolien i en blender og purér til den er glat. Hæld lidt madlavningssaft. Smag til med salt og peber til servering.

Rød Chili Broccolisuppe

Forberedelse + Tilberedningstid: 1 time 25 minutter | Portioner: 8)

ingredienser

2 spsk olivenolie

1 stort løg i tern

2 fed hvidløg, skåret i skiver

Salt efter smag

⅛ tsk knuste røde chiliflager

1 broccolihoved, skåret i buketter

1 æble, skrællet og skåret i tern

6 dl grøntsagsbouillon

Vejbeskrivelse

Forbered et vandbad og anbring Sous Vide deri. Indstillet til 183 F.

Varm en stegepande op ved middel varme med olien, indtil den skinner. Svits løg, 1/4 spsk salt og hvidløg i 7 minutter. Tilsæt chiliflager og bland godt. Fjern fra varmen. Tillad afkøling.

Læg æble, broccoli, løgblanding og 1/4 spsk salt i en vakuumforseglende pose. Slip luft ud ved hjælp af vandfortrængningsmetoden, forsegl og nedsænk posen i vandbadet. Kog i 1 time.

Når timeren er stoppet, fjernes posen og overføres til en gryde. Hæld grøntsagsbouillon i og blend. Smag til med salt og server.

Allehånde Miso majs med sesam og honning

Forberedelse + Tilberedningstid: 45 minutter | Portioner: 4

ingredienser

4 aks

6 spsk smør

3 spsk rød misopasta

1 tsk honning

1 tsk allehånde

1 spsk rapsolie

1 spidskål, skåret i tynde skiver

1 tsk ristede sesamfrø

Vejbeskrivelse

Forbered et vandbad og anbring Sous Vide deri. Indstil til 183 F. Rens majsen og klip ørerne. Dæk hver majs med 2 spsk smør. Læg i en vakuumforseglbar pose. Slip luft ud ved hjælp af vandfortrængningsmetoden, forsegl og nedsænk posen i vandbadet. Kog i 30 minutter.

Kombiner i mellemtiden 4 spsk smør, 2 spsk misopasta, honning, rapsolie og allehånde i en skål. Rør grundigt. Sæt til side. Når timeren er stoppet, fjern posen og svits majsen. Fordel misoblandingen ovenpå. Pynt med sesamolie og spidskål.

Cremet Gnocchi med ærter

Forberedelse + Tilberedningstid: 1 time 50 minutter | Portioner: 2

ingredienser

1 pakke gnocchi

1 spsk smør

½ tyndt skåret sødt løg

Salt og sort peber efter smag

½ kop frosne ærter

¼ kop tung fløde

½ kop revet Pecorino Romano ost

Vejbeskrivelse

Forbered et vandbad og anbring Sous Vide deri. Indstil til 183 F. Placer gnocchierne i en vakuumforseglbar pose. Slip luft ud ved hjælp af vandfortrængningsmetoden, forsegl og nedsænk posen i vandbadet. Kog i 1 time og 30 minutter.

Når timeren er stoppet, skal du fjerne posen og stille den til side. Varm en stegepande op over middel varme med smør og svits løget i 3 minutter. Tilsæt de frosne ærter og fløde og kog. Kom gnocchien sammen med flødesovsen, smag til med peber og salt og anret på en tallerken.

Honning æble & rucola salat

Forberedelse + Tilberedningstid: 3 timer 50 minutter | Portioner: 4

ingredienser

2 spsk honning

2 æbler, udkernede, halveret og skåret i skiver

½ kop valnødder, ristede og hakkede

½ kop barberet Grana Padano ost

4 kopper rucola

Havsalt efter smag

<u>Forbinding</u>

¼ kop olivenolie

1 spsk hvidvinseddike

1 tsk dijonsennep

1 fed hvidløg, hakket

Salt efter smag

Vejbeskrivelse

Forbered et vandbad og anbring Sous Vide deri. Indstil til 158 F. Anbring honningen i en glasskål og opvarm i 30 sekunder, tilsæt æblerne og bland godt. Læg den i en vakuumforseglbar pose. Slip luft ud ved hjælp af vandfortrængningsmetoden, forsegl og nedsænk posen i vandbadet. Kog i 30 minutter.

Når timeren er stoppet, fjernes posen og overføres til et is-vandbad i 5 minutter. Stil på køl i 3 timer. Kom alle ingredienserne til dressingen i en krukke og ryst godt. Lad afkøle i køleskabet et øjeblik.

Bland rucola, valnødder og Grana Padano ost i en skål. Tilsæt ferskenskiverne. Top med dressingen. Smag til med salt og peber og server.

www.ingramcontent.com/pod-product-compliance
Lightning Source LLC
Chambersburg PA
CBHW071826110526
44591CB00011B/1235